JN170404

きくちいまの

「着物でわくわく12ヵ月」

きくちいま 著

二見レインボー文庫

文庫版はじめに

この本が出版されたのは今から12年前でした。

振り返ってみれば、大きな流れの間で、残念ながら閉店してしまったお店や、今はもう作られていない物もいくつかあります。ただ、わたしたちが季節を楽しむ心は不変で、色あせることはないのだとも気付かされました。

うれしいこともあります。きものを気軽に楽しむ人が、12年前と比べたら格段に増えました。

「素敵ですね」と声をかけてくれる人はもれなく、「いいな、きもの。わたしも着てみたいな」と思っているはずです。ですから、きものを着て出かけている際は、「今日は何かあるんですか?」と聞かれたらぜひ、「いいえ、何もないんですが、好きで着ているんです」と答えてほしいのです。

お茶のお稽古と答えれば、お茶を嗜《たしな》んでいる人専用のコスチュームと思われてしまう。イベントと答えれば、イベントに行く人じゃないと着られないと思われてしまう。こんなにもったいないことはないと思うのです。

だから、あえての「好きで着ている」。誰かの背中を押す、魔法の言葉だと思います。

きものを着るのに必要なのは、単にきものや帯だけではなく、楽しもうとする心なのではないでしょうか。きものは着ただけで美人度がアップします。うれしいことに、崩れた体型も十分カバーしてくれます。この本でも書いているように、暑いのであれば堂々と単衣《ひとえ》を着る選択をしてください。季節の決まりごとよりも体感温度が大事です。

そして、ぜひ気にしていただきたいのが、まわりの景色や季節の変化。

春風にゆれる柳並木の新芽がいかにやわらかな緑色をしているか、夏空の下でレースのように咲く百合の可憐《かれん》さ、月の光を浴びて銀色に輝く花薄《はなすすき》のみずみずしさ、ざくざくと踏む霜柱、ぱりぱりと踏む薄氷の音。これらはすべて、気付かなければ来年まで出会うことのない一瞬です。

さぁ季節の色を探しにいきましょう。わたしたちの周りにあるもののすべてがコーディネートのヒントになりますよ。

２０１６年11月

きくちいま

はじめに

日本に生まれてきてよかったなあ、と思うことがあります。昔のきものの色づかいや柄の大胆さに感心してしまうとき。きれいな日本独特の言葉を知ったとき。そのほかにも、くたびれて帰ったときに寝転がる、たたみの感触。障子越しに感じる夜明け。暑い日に聞く風鈴の音。もみじが描かれた便箋。寒い日にもぐり込むこたつ。静寂の中に鳴り響く除夜の鐘。そろそろ雪が降るなというときの匂いや、春先だけに感じる匂いも、その中のひとつです。

もしかしたら今、日本人が失いかけて、はっと気づきつつあるものなのかもしれません。「和ブーム」などと言われますが、単なるブームで終わってほしくないと強く思います。

わたしがきものを着始めたころは、季節感のかけらもないコーディネートばかりで、いかに洋服っぽくきものを着るかばかり考えていました。でも、そこにほんのワンエッセンス「季節の色」をプラスしただけで、ぐっと心が華やぐことに気づいたのです。

季節には色があります。4月は桜のイメージでピンク、5月は新緑のイメージで緑、のように。カレンダーをたった1枚めくっただけで、その月の持つ感性がちがうんです。

季節を楽しむということは、日々の暮らしや行動すべてにゆとりをもたらします。忙しさに追われ、季節の移り変わりを忘れてしまって、何かの拍子に「あっ、もう紅葉が色づいていたんだ」と知ったときの、喪失感とはもうおサラバ……できたらいいな。

この本によって、ひとりでも多くの方に小さなゆとりが生まれて、めぐりくる季節がより色濃いものに感じていただけたら、こんなうれしいことはありません。

２００４年11月

きくちいま

【もくじ】

8月

9月

10月

11月

12月

コラム

巻末付録

＊Special Thanks
藤間頼子・本間さやか・兵庫麻子・
コイケ家・ナオヤ・石澤ひさ子

＊デザイン
ヤマシタツトム

＊撮影
照内潔

＊編集協力
小畑さとみ

1月

【1月の和月名】

睦月（むつき）、初陽（しょよう）、正陽月（しょうようげつ）、太郎月（たろうづき）＊お正月、一家が仲睦まじく集う様子から「むつき」になったそうです。1月は1年のはじまりですから、「正」「初」などのおめでたい文字が入ることが多いようです。太郎月は、太郎次郎というように、いちばん最初という意味。

1月のきもの

お正月はいつもより華やかな色を着たくなります。赤といっても少しくすんだ赤なのですが、派手かな？　というときは黒い帯でキリリと全体を引き締めます。

めで鯛、めで鯛、の間に松竹梅。この上なくめでたい雰囲気です。手ぬぐいは、ハンカチ代わりにしたり、食事のときのひざ掛けにしたり。重宝しています。

探して探してやっと見つけた松竹梅のかんざし。べっ甲のように見えますが、実は本物ではありません。結婚式やお正月など、おめでたいときに大活躍。

縁起物が刺繍されている半衿です。真っ白ではなく、ほんのりクリームがかっているので、衿元が優しい印象に。幅広めに出して、昔っぽく着るのもすてき。

この帯留め、実は箸置きです。裏にボンドで金具をくっつけました。こういうお正月らしい形のものを帯留めにすると、遠目からもわかりやすくて楽しいんです。

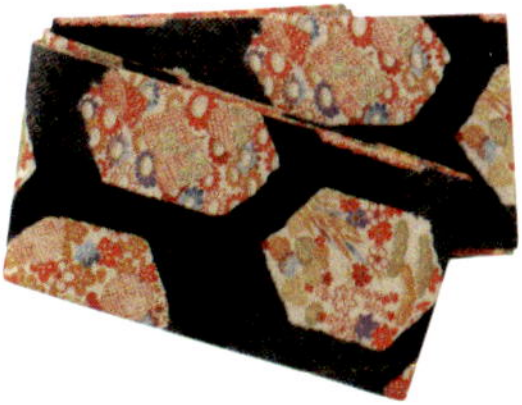

六角形のお花畑のようなこの半幅帯、華やかでお正月にぴったりかな、と思います。季節の花ではないので、年中使えるんですけどね。黒地の帯は1本あると便利です。

福袋

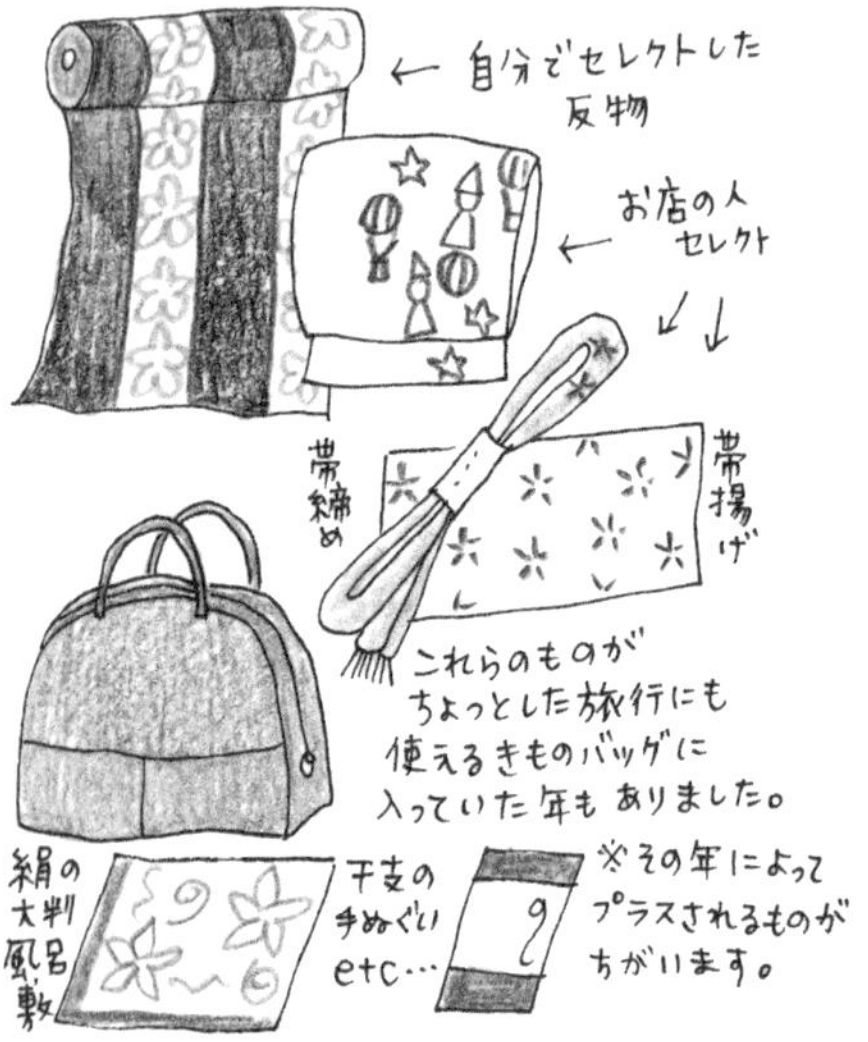
← 自分でセレクトした
反物
お店の人
セレクト
帯締め
帯揚げ
これらのものが
ちょっとした旅行にも
使えるきものバッグに
入っていた年もありました。
絹の大判風呂敷
干支の
手ぬぐい
etc…
※その年によって
プラスされるものが
ちがいます。

福袋というと、何が入っているかで当たりはずれがあるので、あまり興味がありませんでした。

ところが、きものだけは好きなものを選んで、それにお店が帯や小物をコーディネートしてセットしてくれる福袋がある、というのです。とても気に入った後染《あとぞ》めの紬《つむぎ》を肩からかけて、「これ好き！」と言っていたら、社長さんが「これから福袋企画をやるから、それも福袋セットにすればいい」とおっしゃるのです。

まず、選んだ反物《たんもの》を置く。よさそうな名古屋帯を選んで反物の上に置く。その上に、帯締めと帯揚げを置く……早い。しかも、すっごくいい

センス！　反物に合った色目の胴裏《どうら》と八掛《はっかけ》（どちらも裏地）、干支《えと》の小物、絹の大判風呂敷などなど、たくさんのものが黒い紙袋に納められていく……。えっ、いいの？　いいの？　そんなにいいの？　ウキウキが止まりません。

わたしが買ったのは、10万円セットでしたが、ほかにも15万円セット、5万円セット、3万円セットがありました。

この企画をやっている松本の「いけだや」と高松の「和工房あき」では、毎年これを楽しみにしているお客さまが多いんだそうです。実際に購入してみて、納得でした。

寒さ対策

ショールなどを頭からすっぽり。
真っ赤な手袋はコーディネートのポイントにもなります。
スパイクつき
このフカフカの毛が、見た目にも暖かい！
雪国の必需品「雪下駄」

ある冬の日のこと。東京から車で山形へ移動したとき、積雪がすごくて車から降りられないということがありました。ちょうど、母が雪下駄を持ってきてくれて事なきを得たのですが、雪国には雪国の防寒対策があるんだなあ、と自分のいでたちの不完全さに反省しきりでした。

きものは、下にたくさん着込んでも目立たないのをいいことに、腹巻、ババシャツ、スパッツと重ね着のオンパレード。あったか素材、ネルの腰巻なんてのもあって、冬は重宝します。

でも、衿元と袖口だけはどうしても寒いんですよね。なので首にマフ

ラーを巻いたり、ショールを「真知子巻き」にしたりします。

袖口にはタイツを切ったものやレッグウォーマーをアームカバーにしたり。これでどんなに寒い日でもバッチリ！

本当にふだん着としてきものを着る、というのであれば、きものの下にセーターを着込んでしまうというのもよさそうです。

ほかに、コットンリブのタートルネックを着て、その上からきものを着るアイデアも。衿元も袖口もあったかですよ。ウールのセーターだとちくちくしてイヤ、という方に特におすすめです。

男の人のきもののこと

男の人にも
ふだんにきものを楽しんでほしい。
飲みに行こうよ。
いいね。
色を地味めにまとめれば、いつもの洋服の感覚。
手ぬぐいを帯にはさんだり、ふところからちらり、なんておしゃれも楽しい。

男の人のきものって、おはしょりがないから、ただはおって前を合わせて帯を巻くだけ。簡単でいいなあ、と思います。

でも、男の人のきものって、紺や茶、グレーと地味なものばかりで、まるでサラリーマンのスーツみたい。黒い半衿にこれまた紺だの茶だのの帯をする。みんな同じに見えてしまうのも無理はありません。だからといって派手派手なものだとそれもちょっと引いちゃう。もっと気のきいたおしゃれはできないものなのかしら。

夫にきものを着せるときは、紺と白の市松柄の手ぬぐいを半衿にして

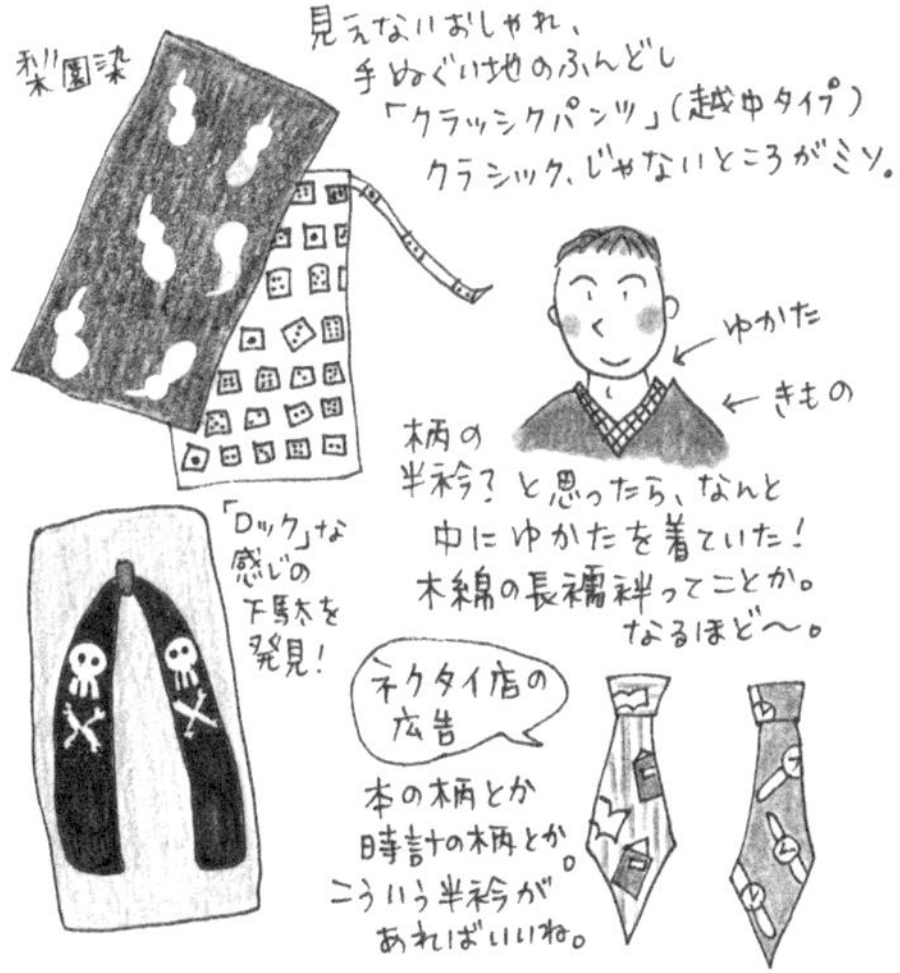

紺色の紬に合わせたりしましたが、もっと研究の余地がありそうです。たとえば、半衿はネクタイのようなものと思えば、バリエーションも豊富になりそうです。

　以前、新聞に銀座の一流ネクタイ店の広告があって、12カ月のネクタイが出ていました。ああ、こういう半衿もありかもしれないなあなんて思うのですが、どんなものでしょうね。

　鴨志田直樹さんの『男のふだん着物』という本を見ていたら、夫も興味津々。これはもしかしたら、もしかするかもしれないぞ。淡い期待を抱いているわたしです。

骨董市

骨董市《こっとういち》できものを物色する人には、大きく分けて2タイプあります。きものを「着るもの」として探す人、そして、人形細工や袋物などの手芸の材料として探す人です。

山と積まれた中から物色しているときに同じ振袖《ふりそで》を手にして、お互いに「わたしが先よ」と言っているふたりがいました。どちらも年配の女性。すかさずお店の人がふたりに用途を聞くのです。ひとりは着用したい、もうひとりは袖の部分をそのまま使ってショールを作りたい、というのでした。

袖付けがほころんでいたり、すそが擦《す》り切れていたりしたため、着用

には適さないと説明する店主。わたしはなるほど、と思いました。状態が悪くても、部分的に使う手芸用なら十分なんですものね。

着用のきものを探すのでしたら、袖付けがほつれていないか、すそが擦り切れていないかは要チェック。シミや汚れは衿元、ひざの上につきやすいので、それも確認したほうがいいんだそうですよ。

骨董市には謎のきものも出ていました。蝶々《ちょうちょう》と牡丹《ぼたん》の花が描かれている上から、大きく「龍」と金糸で刺繍してあるのです。しかも合わせが逆。な、なんだこりゃ……。外国人のお土産用ガウンだったのかな。

コラム

きものの柄・12カ月 ①

	**1月【松竹梅】** 梅のきものに松葉柄の帯をして、竹が刺繍された半衿を。これがわたしの松竹梅コーディネート。門松みたい、かな？
	**1月【干支】** 自分の干支の反対側にある干支を「向かい干支」といい、その柄を身につけると足りない幸せを補ってくれるんですって。
	**2月【梅】** 梅鉢やらねじり梅やら、「梅」といってもいろいろあります。わたしが好きなのは「しだれ梅」の柄。初春限定です。
	**2月【椿（つばき）】** ぽたりと落ちる、いさぎよさが好き。何かの映画で、つげのくしと椿油で黒髪を杭（す）くのを見てあこがれました。
	**3月【貝】** たとえ何万個集めても、きちんと一対になるのはひとつだけということから、夫婦のあるべき姿を象徴する縁起物です。
	**3月【桃】** 実際に桃の実がなるのは夏だけれど、不老長寿の縁起物として有名なので、桃の節句に桃の柄でもいいようですよ。

2月

【2月の和月名】

＊如月（きさらぎ）、令月（れいげつ）、初花月（はつはなづき）、梅見月（うめみづき）＊寒いのでさらにきものを重ねて着た「衣更着（きぬさらぎ）」から「キサラギ」になったものです。「令月」の「令」は「令夫人」の令で、美しいという意味。この時期は寒空の中に月が光り輝く季節なので、こう呼ばれたのだそうです。

2月のきもの

いただきものの大島紬に、節分柄の手ぬぐいを半衿にして合わせました。帯締めは祖母が昔使っていた謎の石がくっついているもの。節分の豆に見えません？

紫地にかのこ柄（絞りのように見える染め）と梅模様の半幅帯は、木綿プリントのリバーシブル。裏は白地の水玉模様です。紫地の帯はアンティークな雰囲気を出すのにうってつけ。

淡い水色と白の組み合わせが黒髪に似合いそうな色だな、と思って購入しました。きものにはもちろん、洋服のときも使っています。ロングヘアの必需品。

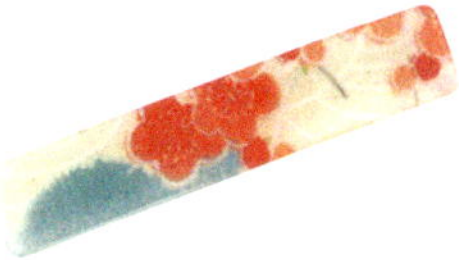

水仙はさんご、ハートはトンボ玉です。水仙の帯留めは母から借りたままになっていて、いつ返してと言われるか、ドキドキしています。返したくない〜！

鬼は外！　と元気な声が聞こえてきそうな手ぬぐいは、鬼の表情がユーモラス。この季節の半衿にしたり、ハンドバッグの中に入れたりして季節感を楽しみます。

バーゲン

銀座松屋の「きもの市」でアルバイトをしたときに知ったことなのですが、初日は乗るエレベーターの選び方でも差が出る、というくらい熱い女の闘いです。その勢いたるや、絶句してしまうほど。

バーゲン会場にひとりで行くいいところは、好きなだけ時間をかけられるところ。でも、それだと限定ものを逃す確率も高くなります。友だちとふたりなら、「あなた、あのコーナーで限定の草履2つゲット」「了解」「わたし、帯締めのよさげなの調達しておくから、あとで合流してセレクト」「では、のちほど！」と協力し合うことも可能です。

今年もお気に入りのお店からセールの案内が届きました。ネットでもその情報は見ていたんだけど、こうして手元に案内が届くと「行かなくちゃ！」とすっかりその気になってきます。日替わり限定品が特にもうけられていないのであれば、やはりどうしたって初日に行きたい。スケジュール帳にぐりぐりと赤丸をつけて、心の中で予算を決めておきます。

いつものお店からバーゲン会場に品物が移動する場合のポイントを。ふだんから目をつけていたものを「わたしはあれを狙っています」と、お店の人にあらかじめ宣言しておくといいですよ。

映画鑑賞会

週末は天気がくずれるでしょうなんていうときは、ビデオを借りてきて「映画鑑賞会」をします。おすすめはなんといっても『細雪《ささめゆき》』ですね。きものの描写がとってもすてきなんです。「あんなの着たーい！」と絶叫したくなりますよ。

林真理子さんの著書『着物の悦《よろこ》び』の中で「細雪ごっこ」をした、というエピソードが紹介されていました。その気持ち、すごくよくわかります。

映画のワンシーンがお手本になる、ということはよくあると思います。あの映画のようなきものが着たい、とかあんなふうに着てみたい、とか。

『夢千代日記』という映画があるのですが、その中に主人公がきもの姿のまま病院で受診するシーンがあります。診察を終えた夢千代（吉永小百合）が、てきぱきと半幅帯を貝《かい》の口《くち》に結ぶのです。そのシーンは「病院に行くときは、きものじゃなくて洋服に着替えなくちゃいけないのかなあ」と思っていたわたしを思いっきり揺さぶってくれました。

深作欣二監督の『おもちゃ』もおすすめです。下働きしている主人公・時子の花模様の前掛け姿はかわいらしく、そして晴れて舞妓《まいこ》になって登場する瞬間は思わず息をのんでしまうほど艶《つや》やかです。

節分

数年前のこと。親しい人の死など、あまりにもよくないことが続いた年がやっと明けたと思ったら、今度はわたしが正月早々流産。暗く沈んだ気分を引きずるようにしていたことがありました。

　そんなころ、1月の末に姑から1本の電話。「1年の区切りは大晦日《おおみそか》と元旦の間だけじゃなくて、節分と立春の間にもあるんだよ。悪いことが起きないように、厄《やく》よけで豆まきをしっかりしなさい！」。

　ハッとしました。いい大人が「鬼はー外！」なんて言えるかしら、と恥ずかしがってみたものの、実際にやってみると豆のパラッパラッとい

う乾いた音がけっこう楽しくて。夫とふたりで大声を上げながら、玄関、お勝手口、茶の間、寝室にはじまって、お風呂、トイレ、電化製品やパソコンにいたるまで、家中に豆をまきました。

イワシの頭をヒイラギに刺して玄関先に飾ることや、その年の恵方《えほう》を向いて太巻きを丸かじりすることなど、教わった節分ならではの行事をいろいろやってみて、なんだかとてもすっきりしたのでした。

そのおかげか、そのあとはちゃんとうれしいことが続きましたよ。それ以来、節分って、わが家ではあなどれない行事になりました。

テレビで見かけたきもの姿

昔放送されていた、松嶋菜々子さんが足袋を脱いでいるシーンや、小泉今日子さんが名古屋帯をチェックしているシーンが印象的なコマーシャル。大好きでした。ほかには、樋口可南子さんが白いきものでココアを飲んでいるCF。宮沢りえさんのお茶のCFも時代劇風ですてき。「ご新造《しんぞう》さん」って感じです。

録画してじっくり見たい、と思っていたのが、「ロト6」の常盤貴子さん。「ヒロインになろう」というコピーなんですが、そのヒロインってのが、湖畔で夕涼みをする女性の絵。あ、これ見たことある、ヒロインって絵から抜け出したモデルのこ

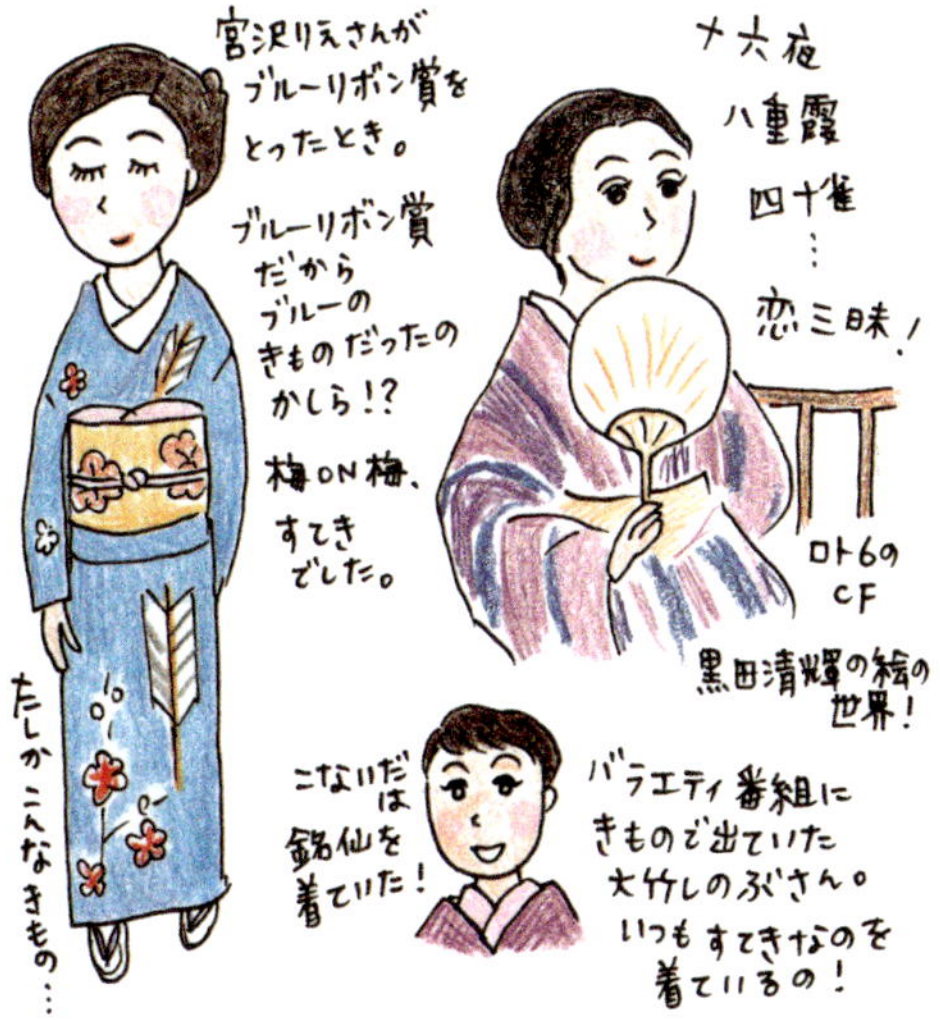

とだったのね、と妙に納得しちゃいました。

最近特にきもの姿がテレビに出てきます。これはきものが流行しているせい？　いやいや一過性のものではないですぞ。きものって、自分を表現するのにピッタリ。漫画家のさかもと未明さんが雑誌のインタビューで「きものは、行きたい方向へ導いてくれる、いちばん大事な表現方法のひとつ」と言っていました。

そう、洋服では表現できない何かが、きものにはあるんです。内面に秘めた強さやまじめさ、ときにはお茶目さ、なんてのも表現できると思うのです。

コラム

きものの柄・12カ月 ②

4月【桜】

春といえば桜。風の強さに一喜一憂してしまいます。花が散ったのを見届けたら、いさぎよく桜柄をあきらめます。

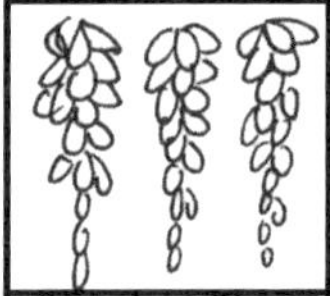

4月【藤】

あでやかで優美な藤。書道では、藤棚に下がる花のように上の端をそろえて書くのを「藤の花書き」というのだそうです。

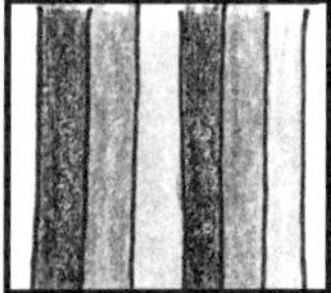

5月【かつお縞】

かつおの体にある縞を模様にしたような、藍染めの木綿をいいます。かつお縞を着て初がつお、というのもいいですね。

5月【つばめ】

すいーっと飛ぶ様子はすがすがしく、子育ての様子はかいがいしい、言わずと知れた流線形の渡り鳥です。

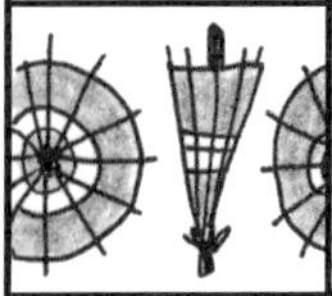

6月【傘】

番傘を開いた形のモチーフは、今も千代紙などに用いられています。開いた傘と閉じた傘が並んでいるものもありますよ。

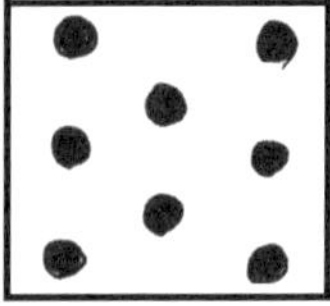

6月【水玉】

特に季節が限定されているわけではないけれど、初夏から晩夏にかけて使う人こそおしゃれだと、何かの本で読みました。

3月

【3月の和月名】

＊弥生（やよい）、桃月（ももづき）、花月（はなづき）、夢見月（ゆめみづき）＊「弥生」は「いやま生い茂る」（たくさんの植物がますます成長する）という言葉から来ているといわれています。「桃月」は桃の節句だから、「花月」も花咲く季節だからということでしょう。「夢見月」というのは、暖かくてついうとうとしてしまうことに由来しているようです。

3月のきもの

紺色のお召しにピンクの裏地。ピンクのきものはちょっと……という人もこれならいいんじゃないかしら。小物に甘い雰囲気のものをチョイスしても楽しい！

刺繍のワンポイントがついた腰ひも。見えないところにも、こんなおしゃれができるんですよ。下に敷いてあるのは、蕗(ふき)の柄の手ぬぐい。大自然！　って感じです。

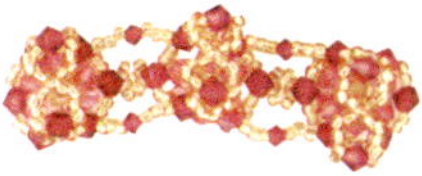

いただきもののビーズ細工は、ピンクのお花のモチーフ。三分ひもが通るようになっています。帯留めとしてだけでなく、チョーカーとしても使っています。

ネットで見つけてからというもの、ずっとずっと気になっていたのが、このおもちゃ柄の半幅帯。子どもの幼稚園のイベントに、さりげなく締めてみたいのです。

おひなさま柄の手ぬぐいは、タペストリーのようにして飾ったり、敷きものとして使ったり、この季節には大活躍。初節句を迎える女の子にプレゼントしても。

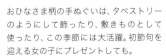

卒業式のきもの

振袖に袴というのもアリです。
矢絣はハイカラさんっぽくて人気。
宝塚風
ブーツもいいよね。
わたしは振袖だったなあ。今思えば袴をはけばよかった…。

大学の卒業式のときに、黒紋付《くろもんつき》に袴《はかま》を合わせている人がいました。華やかなきもの姿が多い中で、彼女は確実に目立っていました。それがまた清楚で凛《りん》としていて、思わず声をかけたくらい。彼女は熱烈な宝塚ファンで、小さいころからタカラジェンヌに憧れていたのだそうです。宝塚歌劇団では、黒紋付に袴というのが正装です。黒紋付は「喪服《もふく》」と呼ばれてしまうことが多くなりましたが、本当は袋帯を合わせれば結婚式にも出られるきものです。

母親として参加する入学式や卒業式なら、着て行くきものは色無地の一つ紋か付下《つけさ》げ、おとなしめの訪問

めでたい
末広の帯留め
←扇子がのぞいたような形の帯結び
白地やクリーム地に
刺繍の半衿
淡い色合いの
帯締め、帯揚げが、
上品で若々しい
お母さんの
雰囲気にさせてくれます。
○○ちゃんの
お母さん
キレーイ!

着に袋帯を合わせるのがいいと思います。

わたしの母も、式に出席するときはいつもきものでした。当時は入学式、卒業式というと、必ず黒い羽織《はおり》を着ているお母さんばかりで、みんな同じに見えたものです。でもわたしの母はちがって、あの黒い羽織があまり好きではないようでした。子ども心に、黒い羽織の集団の中で母を見つけやすいこともうれしく、そして総絞《そうしぼ》りの紫の訪問着や、クリーム色の地に黄色やオレンジの虞美人《ぐびじん》草《そう》（ポピー）の付下げを身にまとって、背筋を伸ばしている母をとても誇りに思ったものです。

ひな祭り

幼いころ、ひな祭りを理由に振袖を着せてもらうのが楽しみでした。

淡い黄緑色の地にたくさんの赤や白、水色の花と大きな御所車《ごしょぐるま》が刺繍してあるわたしの振袖が、押し入れのどこにしまってあるのかちゃーんと知っていましたから、自分で出してきては「お母さんかおばあちゃん！　きもの着せてよう」と哀願していたものです。飾ってあるおひなさまに負けないくらい、きれいになりたかったおませさんでした。

大人になってからは、赤紫の花模様の羽織を着て、友人とひな祭りパーティー。おひなさまがなかったので、和紙で小さな内裏《だいり》びなを作り、

そのまわりを赤い帯締めで囲んでみました。

桜でんぶと酢飯、錦糸卵を紙コップに交互に入れて軽く押し、お皿の上にポンと出した「おすしケーキ」も作りました。簡単な割には見た目が華やかで、友人たちにけっこう人気でしたよ。

3月はひな祭りマジックにかかってしまって、ついついピンクのものに目を奪われ、財布の中身も奪われてしまうわたしです。ふだんモノトーンしか着ないという人も、ポイントにでもいいからピンクを身につけてみて。きっと気持ちが「乙女」になりますよ。

子どものきもの

手ぬぐい2枚を使って
赤ちゃん用甚平を作りました。
(わたしのHPで作り方を
紹介しています。)
夏はロンパースの
上に
カーディガンの
ように
はおらせて
いました。
けっこう
重宝して
います。
ひもが
大好き→
ボタンとちがって
誤飲の心配も
ない。
肩揚げで
調整したら
まだまだ着られそう!
豆絞りで
作っても
カルピス
みたいで
かわいい。

「子どもはすぐに大きくなってしまうので、少しでも長く着られるように、経済的な裁《た》ち方を心掛けましょう」と和裁の先生から教わりました。

きものは洋服のようにきっちりサイズが決まっているわけではなくて、内《うち》揚《あ》げや肩揚げ、腰揚げをしたりして、ちょうどいいように調整します。

子どものきもの、というと七五三用としてセットになっているものがほとんどですが、わたしにはちょっと考えがあるのです。

息子が5歳になったときは、袴はでき上がりを買うにしても、きものと羽織は大人の色無地の反物で作りたい。色はカラシかグリーン。大人

背中にひとつ
紋の代わりに
つける
背守り。
7才の女の子には
変に大人っぽく
ならないように、かわい
らしさを前面に
出して。
成人式みたいに
なるのはちょっと…。
草履が上手に
はけない子のために
サンダルタイプの草履も
あります。

用の色無地1反で、男の子のきものと羽織が作れちゃうんですって。きものは袴で隠れてしまうから、丈なんて多少短くたっていい。そしてわたしお手製の背守《せまも》りをつけるの。

　いつかわたしに娘ができたら、3歳のときは、ピンク地に白い菊の柄のわたしの長羽織をほどいて、きものに縫い直したい。その上から被布《ひふ》を着せたいな。桃の背守りなんていいんじゃないかしら。娘が7歳になったら、大人用の小紋1反を使って振袖を作るの。

　子どもにはかわいらしくて、しかもありきたりでないきものを着せたいと思っているのです。

コットン

あるとき友人が「仕立て上がってる木綿のきものがデビューしたんだって。一緒に見に行かない？」と誘ってくれたのです。半信半疑で着いて行ったら、甘すぎず渋すぎず、シンプルな雰囲気の木綿のきものでした。その上、帯も半衿も下着も木綿！　サイズもＳＭＬとあるのです。完璧です。何年か前に、こんなのがあったらいいのにと落書きしたきものそのもの、いえ、それよりもずっと完成度の高いものでした。それが「よきもの倶楽部《くらぶ》」との出合いです。

ところで、袷《あわせ》のきものは洗濯機で洗うと表地と裏地が合わなくなってしまうことがあります。表と裏の生

地の縮む率がそれぞれ異なるせいです。袷は面倒だから単衣《ひとえ》がいいというのであれば、中に着るもので調整して、年中単衣で通すスタイルを貫く、という手もあります。ちょっと前までは「袷にしたほうが長く着られる」と言われていましたが、ふだん着に限って言えば、今は逆。

木綿の洋服地を買って、ゆかたと同じ感覚で仕立てちゃえば……ともくろんだことも何度かありました。少し厚手のものが扱いやすいようですよ。生地を選ぶときはブロードよりも厚めのものを目安に。夏用なら、サッカー地も気持ちよさそうだと思います。

コラム

きものの柄・12カ月 ③

7月【竹】

まっすぐ伸びる竹は颯爽としたイメージ。縦長のラインになるので、きものとして着るとすらっと見える効果があります。

7月【朝顔】

『万葉集』の中で山上憶良が詠んだ秋の七草にも出てきますが、その当時はキキョウも朝顔と呼ばれていたのだそうです。

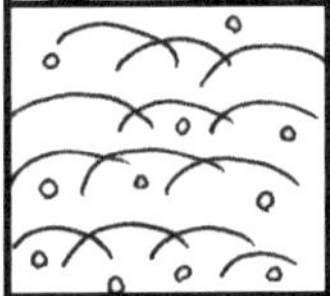

8月【露芝（つゆしば）】

朝日を受けて輝く芝の上の露…清々しい情景です。露芝は桃山時代から人気のあった模様だそう。わたしも大好きです。

8月【秋草】

秋の先取りということで、この時期は秋草の柄が涼しげです。中には虫かごも一緒に描かれているものもありますよ。

9月【すすき】

かつてすすきを採りに行ったとき、陽の当たり方で、金色の毛糸のようにも銀色の刺繍糸のようにも見え、感動でした。

9月【うさぎ】

白くてふわふわのイメージですが、わたしは黒くてシャープなうさぎも好き。でも、月に住むうさぎは絶対白ですね。

4月

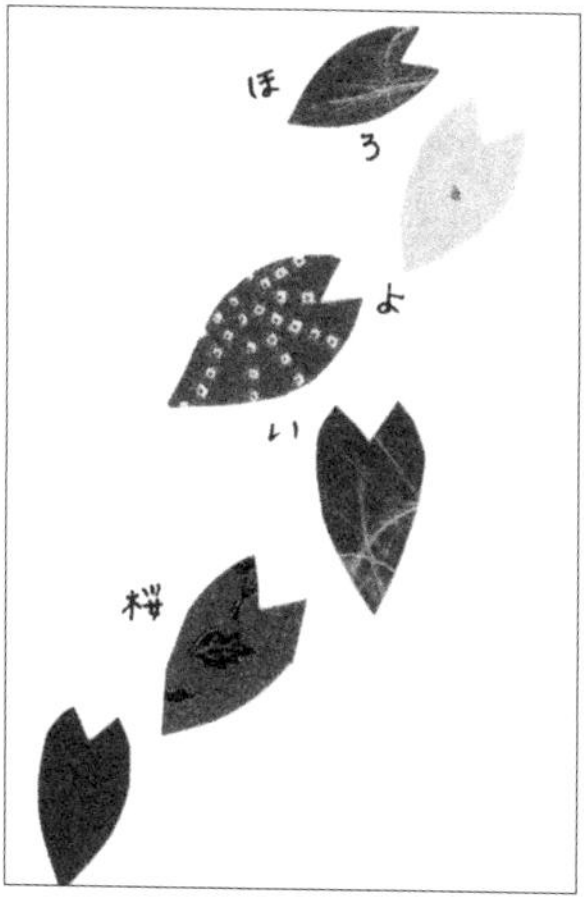

【4月の和月名】

＊卯月（うづき）、卯花月（うのはなづき）、花残月（はなのこりづき）、夏初月（なつはづき）＊

「卯月」とは、垣根の卯の花が咲く季節、という意味。童謡「夏は来ぬ」の歌詞にも出てくるように、旧暦の考え方では4月から6月までが夏なのです。でもこのごろでは、温暖化の影響で暑い日も多く、「夏初月」がぴったりと思うこともあります。

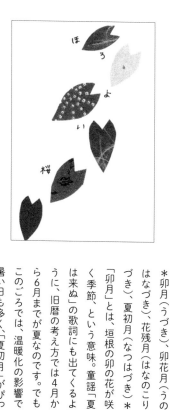

4月のきもの

お花見の季節は、ウキウキ弾んだ気分をきものに表現。半衿は桜を刺繍したものです。きものや帯に桜を用いなくても、こうして桜の装いはできるんですよ。

ネットで見つけた、八重桜（やえざくら）の帯揚げと帯締めのセットです。銘仙（めいせん）のような、ちょっと昔っぽい風合いがいいんです！ 春らしさを表現するには濃い色より淡い色を。

足元からわくわくした気持ちが浮かび上がってくるみたいな、なでしこの柄の靴下です。指先が足袋のように分かれているので「足袋」と言うべきなのかしら。

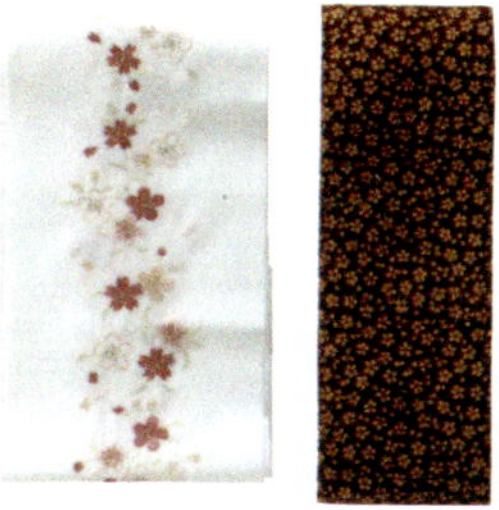

桜のきものや帯を持っていないなら、半衿や帯留めなどの小物に桜を用いてみては。刺繍の半衿は小紋に、プリント柄は紬や木綿のきものに似合いそうです。

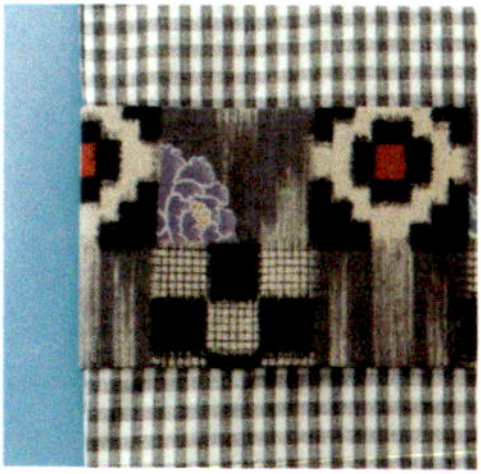

大きな市松のかげから、ちらりとぼたんの花が見え隠れしている木綿の半幅帯です。桜の季節が終わったら、なるべく早めに初夏のイメージをとり入れます。

和裁

わたしが和裁をはじめたのは、ちょうど桜が咲くころでした。たまたま近所を歩いているとき、斜め向かいのお宅の縁側に、紺色のゆかたの反物が広げられているのが見えたのです。「和裁が習いたいな」と思っていたわたしは、もしかして、と中をのぞき込んでみました。すると、何人かの女性が反物を広げて縫っているではありませんか。それで、さっそく仲間入りすることに。

その教室は、教材を与えられることがないので、たとえばレースのカーテン地で羽織を作ったり、アンティークのきものをほどいて仕立て直すことも大歓迎でした。運針の練

習に雑巾を何枚も縫わされた、などという話もよく聞きますが、ここはぶっつけ本番。わたしは自分のゆかた、夫のゆかた、母のゆかた、姑のゆかた、弟のゆかた……と、なんだかよくわからないままに「はい、次はここ」と先生の教えてくださるとおりに縫い続けました。そうして何枚か縫ううちに、やっときもののしくみというか、形がわかってきたようです。

和裁を習うようになって、ちょっと袖がほつれただけなのに、直すことができなくてそのままになっていた何枚かのきものが生き返りましたよ。

お花見

きものでお花見のときは、形式にこだわらないようにしています。桜を一通り眺めたあとに、近くのレストランや和食屋さんでおいしい食事をするのが好き。お花見シーズンは、桜をテーマにした会席膳などのメニューが用意されている場合もあるんですよ。あと、夜桜のあとに居酒屋っていうのもいいですね。

桜の余韻はなかなか消えないものです。うっとりほんのり桜色になって、「今年の春」をしみじみ楽しむひとときって、たまらなく贅沢だと思うんです。

きものでお花見をしたときに、ピンクの足袋に白いレースの足袋を重

ねてはいてきた方がいました。それがとってもすてきだったので、それをヒントにして、濃いピンクの半衿に白いレースを重ねてみました。グレーの紬に合わせたら、なんとも艶っぽい、すてきな衿元になりました。衿元を見てほしくって幅を広くしたら、アンティークな感じにもなって、ますますいい感じです。

　白い無地の半衿に、ピンクの布用ペンで桜の花びらを描いてみたり、簡単なステッチで刺繍をしてみたりするのもいいですね。その場合、全体に描こうとしなくても大丈夫。実際に見えるところだけに描けば十分です。

風呂敷

「風呂敷で名古屋帯が作れるんだってよ」とウソのようなほんとのハナシを聞いたのは、もうけっこう前のこと。風呂敷２枚を切って縫いつなぐだけだというんですから、試す価値はありそうです。

大判風呂敷（１０５センチ幅）２枚を３等分にしてつなぎ合わせる、というのがその工程です。柄に縦横がある場合は、１枚を縦に３等分、もう１枚を横に３等分します。縦の部分はお太鼓部分に、横の部分は前に来るようになるので、柄の向きがそろいます。帯芯《おびしん》は三河木綿《みかわもめん》の少々厚手のタイプがいいそうですよ。

更紗《さらさ》柄の風呂敷でチャレンジした

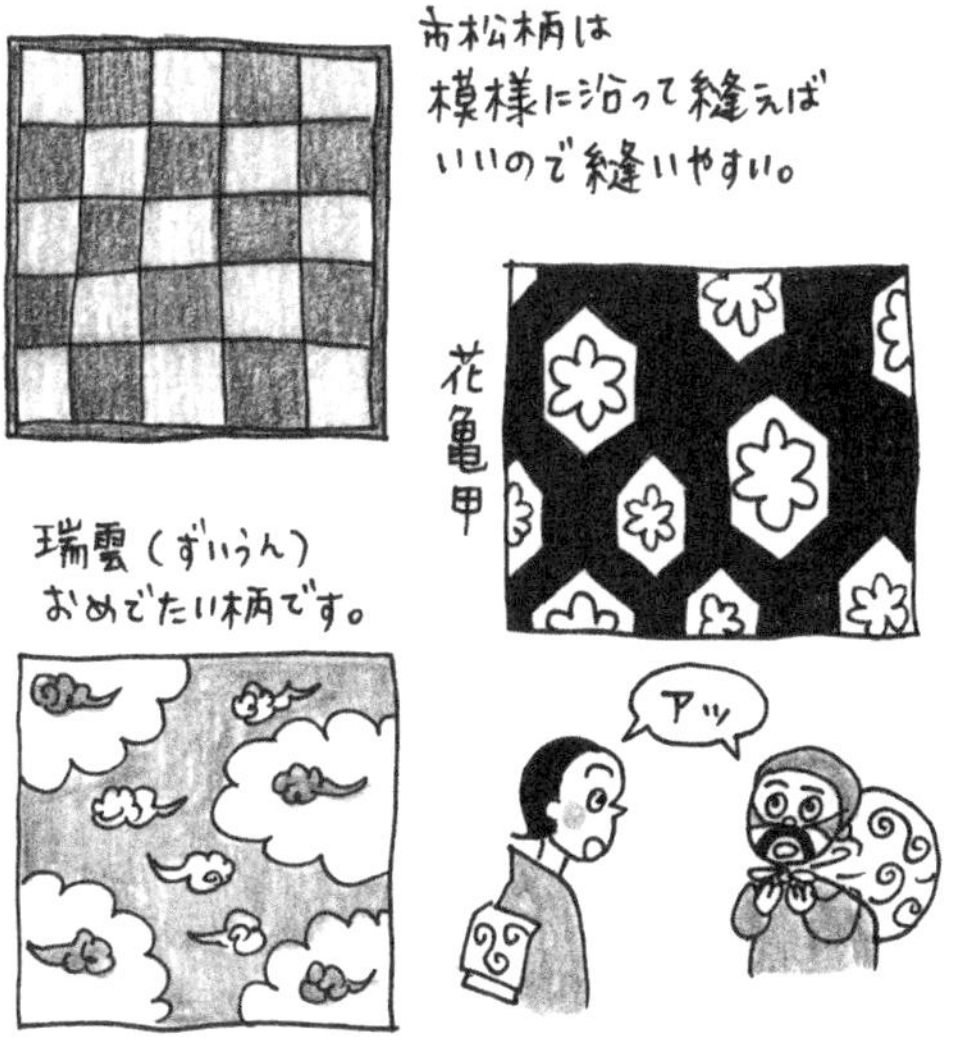
市松柄は
模様に沿って縫えば
いいので縫いやすい。
花亀甲
瑞雲（ずいうん）
おめでたい柄です。
アッ

いなと思っていたところ、ネットで、狙っていた更紗の風呂敷を見つけました！　そこには、そばちょこや器などのちょっと変わった風呂敷も。そして、ちょうどいいぐあいに、風呂敷名古屋帯の作り方も紹介してありました（注：現在はそのサイトはありません）。

　風呂敷で名古屋帯なんてびっくり。わたしはちりめん風の風呂敷を半分に切って細長く縫いつなぎ、帯揚げにすることを前からやっています。それだけだって驚かれるのに、帯まで風呂敷となったら、ちゃんとしたものを全然持っていないと思われちゃうかな。

花柄

花柄のきもので、後ろ髪を引かれたままのものがあります。それは、白地に黄色とオレンジのポピーが水彩画のようにたくさん描かれている小紋。仕立てると柄がすべて上を向くという特殊な反物でした。モノトーンがかっこいい、と根拠もなく思っていたわたしを根底から揺さぶった、衝撃の出合いでした。

京都の染め屋には、まだまだこだわりの花柄があります。それは「秀《しゅう》粋《すい》」というところのもの。発色からしてちがうんです。きれいな色が出るように白生地からこだわっているのだと聞きました。

「染の北川」の反物にも圧倒されま

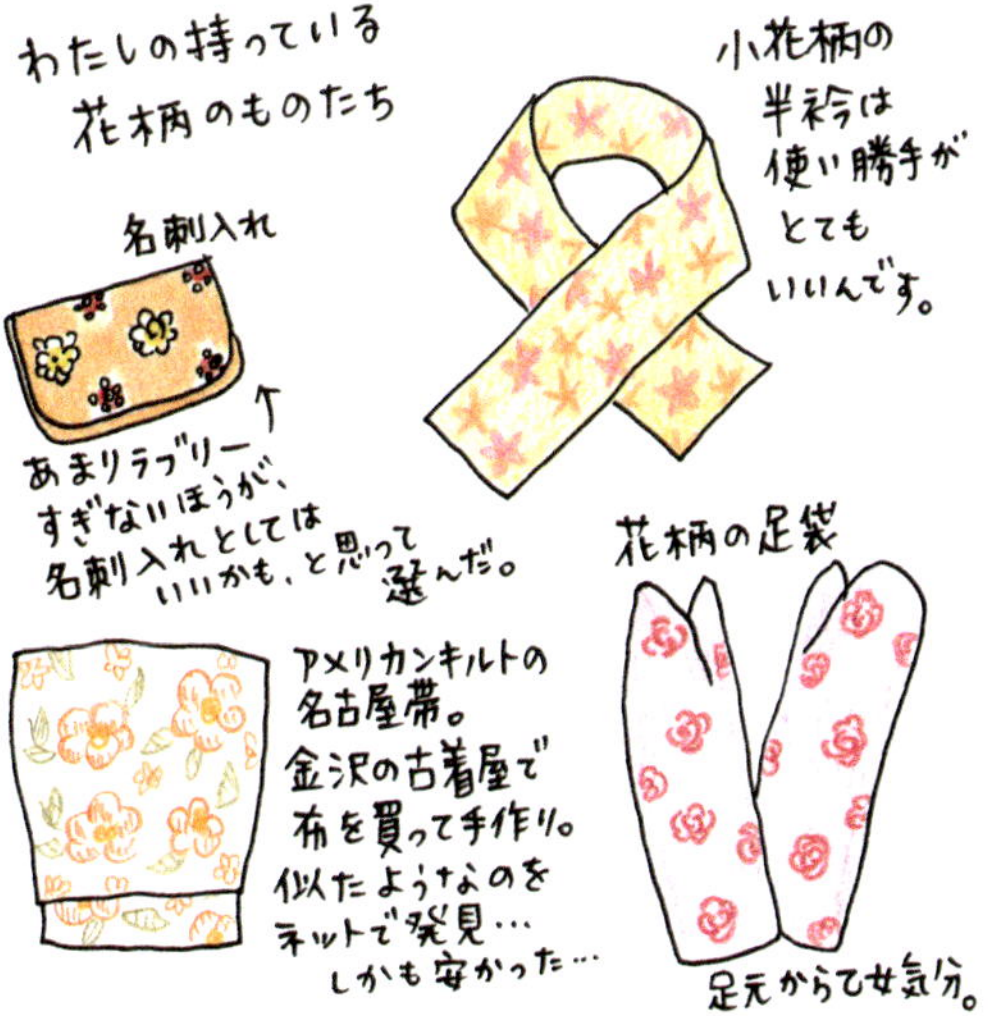
わたしの持っている
花柄のものたち
名刺入れ
あまりラブリーすぎないほうが、名刺入れとしてはいいかも、と思って選んだ。
小花柄の半衿は使い勝手がとてもいいんです。
花柄の足袋
足元から乙女気分。
アメリカンキルトの名古屋帯。金沢の古着屋で布を買って手作り。似たようなのをネットで発見…しかも安かった…

す。色といい柄といい、なんだか自分がちょっときれいに思えてくる（?）から不思議（!）です。

ところで、花柄のきものに花柄の帯をするときは、どちらかを抑え目にしています。

どうしても派手な花柄のきものに派手な花柄の帯を合わせてインパクトのあるコーディネートにしたいときは、きものと帯の色をきっちり分けるようにするといいと思います。ただし、全体的にごちゃごちゃしているように見えては損なので、帯締めや帯揚げ、半衿などの小物はシンプルにしたいですね。

コラム

きものの柄・12カ月 ④

10月【菊】

花びらの長い菊はエレガントなイメージ、毬のような菊は清楚なイメージ。実は、菊の葉というのもすてきな模様！

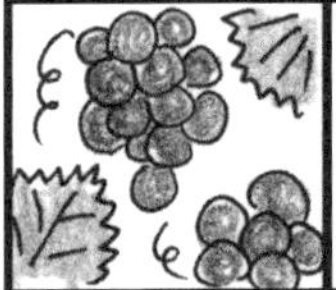

10月【葡萄（ぶどう）】

古代の中国では、葡萄は子孫繁栄の縁起がいい柄なんですって。わたしは葡萄柄を着るのも、葡萄を食べるのも大好き！

11月【吹寄せ】

ぴーぷー木枯らしが集めた落ち葉たちを「吹寄せ」といいます。川の流れが集めた「流水模様に吹寄せ」バージョンも有。

11月【もみじ】

夏に緑の若いもみじを着るのも情緒があってすてきですが、赤や黄色に色づいた葉を着るのも、また楽しいものです。

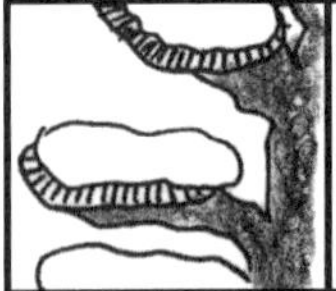

12月【雪持ち松】

大相撲の初場所を見ていて、行司の方がこの柄を着ているのを発見。黒地に大胆な雪持ち松、かっこよかったなあ。

12月【雪の結晶】

クリスマスシーズンにこの柄の半衿をしたら、大好評でした。2月いっぱいまでが雪の結晶柄のシーズンだと思います。

5月

【5月の和月名】

＊皐月（さつき）、橘月（たちばなづき）、早苗月（さなえづき）、授雲月（じゅうんづき）＊早苗を植える月「早苗月」がつまって「さつき」となった説と、梅雨時で晴れる日が少なく、さっと日が隠れてしまうことから「さっとつき」が短くなったという説があります。中国では皐月の「皐」の1文字だけで5月を表すのだとか。雲を授かる月もそれらしいですね。

5月のきもの

矢耕（やがすり）の柄の半衿で、鯉のぼりの矢車をイメージ。着物の柄の「麻の葉」は、成長を願う縁起のいい柄なんだそうです。さわやかな単衣の小紋に白い帯で初夏らしく。

あちこちに散らばっている柏餅が何ともかわいらしい、端午の節句の手ぬぐいです。鯉のぼり、兜（かぶと）、菖蒲（しょうぶ）の葉…と勢ぞろい。

白っぽい紬を着たときに、黒い半衿を合わせると、シックで個性的なコーディネートになります。白い鳥ですが柄としては「つばめ」。初夏のイメージです。

鯉は木彫、あやめはべっ甲、矢耕は古布（こふ）の帯留め。鯉は京都土産として母のために購入したものですが、わたしばかり使っているみたい……。

白地にブルーのつばめがさわやかな印象の半幅帯。スッと軽い身のこなし、スマートなボディ、かいがいしい子育て……つばめのような女性になりたいなあ。

呉服の日リポート

5月29日は、「呉服の日」です。日本橋の堀留町《ほりどめ》界隈では、きもの姿の男女を多く見かけます。銀行では、受付の女性や案内の男性までゆかたを着ているんですよ。あちこちで、バーゲンセールが行われたりすることもあります。

その発祥とも言われる、青梅の「創作呉服しらい」では、5月29日に、なんと24時間バーゲンをしていたのだから驚きです。ふだんから良心的な値段がついているお店なのですが、この日はもう出血大サービス。「馬に喰わせるほどある」と豪語するゆかたの反物は3500円、一流小物メーカー「加藤萬《かとうまん》」の帯揚げが

４０００円、帯締めは１０００円でした。何10万円もする訪問着もビックリ価格になっていたようです。

午前の2時や3時になってくると、さすがに眠気をもよおしてくるでしょうから、その時間帯を見計らって値段の交渉をします。半分寝ぼけたような（失礼！）会話をして、思っていたよりもずっと安く手に入れることができました。

しらいさんには、全国の呉服屋の息子さんが修行をしに来ていました。その方たちが卒業して地元に戻り、「きものこすぎ」と「ＫＩＭＯＮＯさくら」が24時間営業の「呉服の日」をしています。

水玉

円と線の手ぬぐいは
代官山の
「かまわぬ」で見つけました。
半衿に
したら
おもしろい
コーディネートに
なりました！
豆絞りって
いかにも手ぬぐい！
って感じなので
ペンでもう1色
描き足して
みました。
世の中には…
水玉の
ダブルガーゼの
半襦袢や、
水玉の
帯板、
水玉の
腰ひも
まで
あるんですよ！

本来ならば、水玉模様はパターンの一種ですから季節はありません。でも、わたしはなんとなく5月から9月までの間のもののような気がしているのです。さわやかな水のイメージだからか、それともカルピスのイメージか。とにかくわたしの中では9月の「露芝《つゆしば》」までが水玉の領域。ところが、友人がすてきな大島紬を着ていたのです。紺地にブルーの細かな水玉模様。なぜかそれは袷でもいいと思えた水玉でした。

　洋服だと、素材やデザインによって水玉模様が伸びてしまうことがあります。でも、きものや帯だと水玉はぷるんぷるんで真ん丸なまんま。

一見無地に見えるけどよく見ると細かい柄が全面に入っているという「江戸小紋」の中に、たくさんの水玉の集合体の柄があります。「鮫小《さめこ》紋《もん》」は細かい水玉が集まっています。「大小あられ」は大きな水玉と小さな水玉が入り混じったもの。鮫小紋には季節がないけれど、大小あられというと、寒い時期に降るものですから、冬っぽいですよね。でもわたしは「お菓子のあられ」とか、「大きい水玉と小さい水玉！」と開き直っています。

豆絞りの手ぬぐいに、カラーペンで水玉を足して雰囲気を変え、半衿にするのも楽しいですよ。

見えないおしゃれ

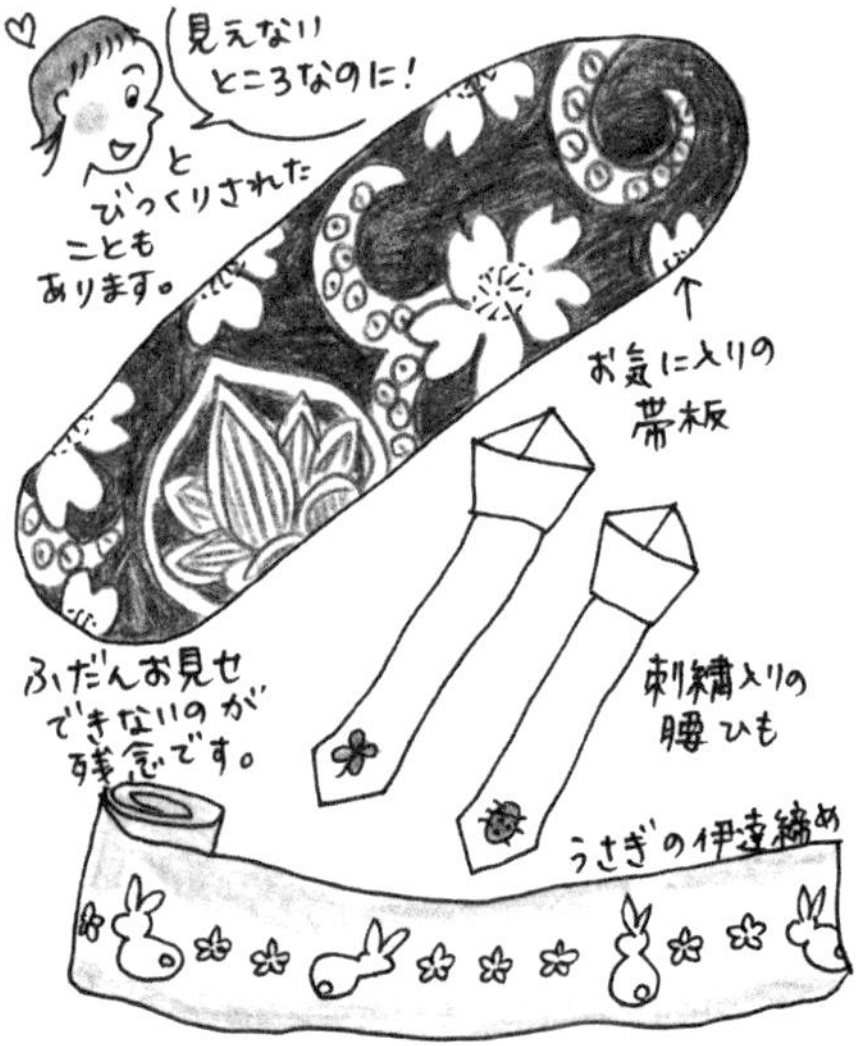

「見えないところなんだけど、ウフフ、わたしこんなの使っているのよ」とひそかに自慢したくなるものってあります。「地味な洋服着てるけど下着はスゴイのよ」みたいな感覚に近いかな。わたしの場合のそれは、帯板です。紫地に橘《たちばな》の柄で、とっても気に入っています。

腰ひもも、白やピンクのモスリンのものだけでなく、テントウ虫やクローバーが刺繍してあるものや、花柄のプリントのものもあるのです。友人は、腰の位置に締める大事な1本は「値段は高いけど、しぼのある正絹《しょうけん》のものがいちばんいい」と言っています。ポリエステルのもの

も試しましたが、滑りがよすぎて着くずれそうな感じがして落ち着きませんでした。

袖口からちらりとのぞく長襦袢《ながじゅばん》も、秘めたおしゃれ。「いざというときの勝負襦袢」なんて言いつつ、江戸時代の若い女性が好んだ「緋縮緬《ひちりめん》」のまねをして、赤い地に「いろはにほへと」が描いてある長襦袢を誂《あつら》えたことがありました。目が覚めるような青い襦袢も、あちこちでほめてもらいましたよ。

そして先日、友禅染《ゆうぜんぞ》めの長襦袢を見つけてしまいました。すてきすぎて困っちゃう! だって、上に着るきものより高いんですもん……。

不思議柄、おもしろ柄

「きくちさんはコーディネートがお上手ね」なんて身に余る言葉をちょうだいすることがあります。だけど、そう言ってくださる方のほうがずっとずっとすてきで、おもしろい柄のものを上手にとり入れています。

わたしは顔立ちが地味なので、派手なきものや、個性的すぎる色柄のものはあんまり似合いません。きものに負けちゃう。でも、正統派でおとなしめのきものや帯ばっかりじゃツマンナイ！

なので、これだと思ったおもしろ柄のものは、帯ならあまり躊躇《ちゅうちょ》することなく手に入れます（もちろん値段も考慮の上でね）。

おすしの柄
着せ替え人形の柄
ハンドバッグやリボンも入っているの。
竹のきものにパンダの根付け
牛の裏は豚、なんてのも。焼き肉にでも行くか!?

男の子を産んで退院するとき、桜の小紋にロボット柄の半幅帯を合わせました。半衿は息子の名前（悠矢）にちなんで矢絣にしたのですが、居《い》内《うち》商店さんのサイトを眺めていたら、「着せ替え人形」の柄の半幅帯を見つけてしまいました。うう、何年かあとに女の子が生まれるかも。そのときのためにこれを買っておいたほうがいいような気が……。

ボウリングのピンの柄の帯を見つければ、「あっ、この帯して遊びに行きたいな」とか、ハンドバッグ柄の帯を見つけては「おんもしろーい！」なんて、とにかくキリがありません。

コラム

リラックス

秋

【金木犀《きんもくせい》のお茶《ちゃ》】

なんと言っても香りがいいのです。のどを通るときの心地よさも抜群で、中国茶の中ではジャスミン茶と並んで好きなお茶。「桂花茶」ともいい、中国茶を扱っているお店ならたいてい置いてありますよ。秋の午後を、豊かな気持ちで。

春

【お香セット】(Lisn)

色とりどりのお香とお香立てのセット。わたしがお香にはまったきっかけになったのが、実はこれでした。春はやっぱりフローラルな香りがいいかしら、それともさわやかなグリーン系…?

冬

【みかん湯】

みかんの皮を干して布袋に入れ、湯船に浮かべます。ほんのり柑橘(かんきつ)の香りがただよっていい気持ち! あったまり効果もあるそうです。食べ終わったみかんの皮を風通しのいい日陰におき、2〜3日乾燥させて使います。

夏

【明珍《みょうちん》火箸《ひばし》の風鈴《ふうりん》】(明珍本舗)

姫路の伝統工芸。その澄んだ音色は、ほかの風鈴ではとても聞けません。風を待たずして、思わずふーっと息を吹きかけたり、手で揺らしたり。ひとつ音が鳴るたびに、冷風がそよいでくるようです。

6月

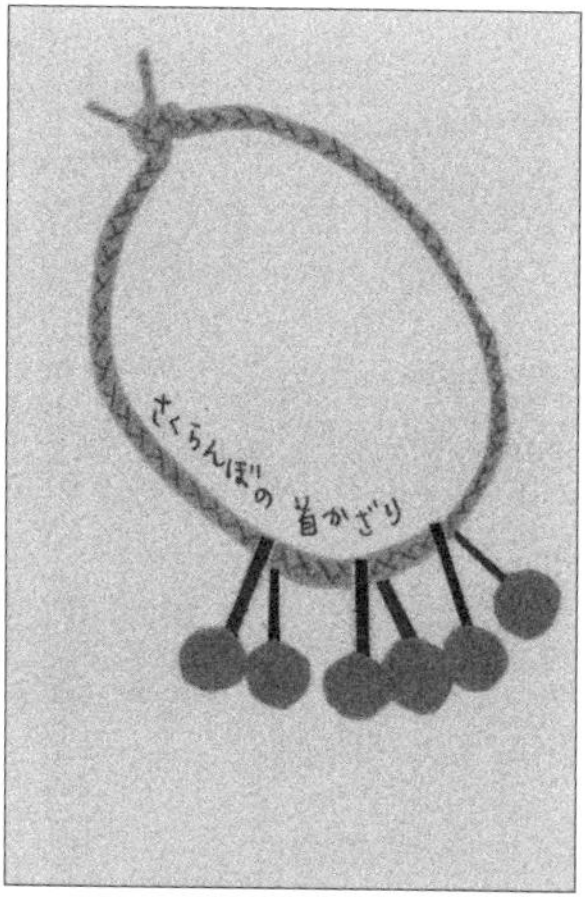

【6月の和月名】

＊水無月（みなづき）、風待月（かぜまちづき）、鳴雷月（なるかみづき）＊水が無いと稲が育たないので、水が無くてはならない月、ということから「水無月」となったようですが、田んぼの大切な仕事をし尽くした、つまり「皆し尽くした月」がつまって「みなつき」になったとも言われています。

6月のきもの

ゆかたとしても着られる木綿の単衣です。半衿はコットンレース。帯の柄は、本当は梅なんですが、さわやかな色合いなので「ツツジ」か「サツキ」ってことで。

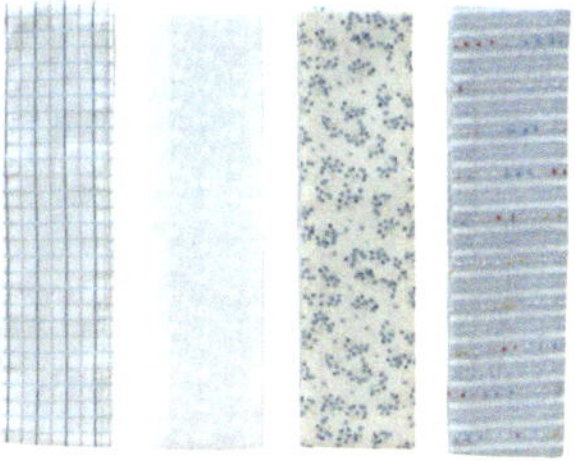

夏休み、お出掛けするときに女の子が着るワンピースのような夏色の半衿たちは、木綿製のワンタッチ。涼しげな色と素材に、ついときめいてしまいました。

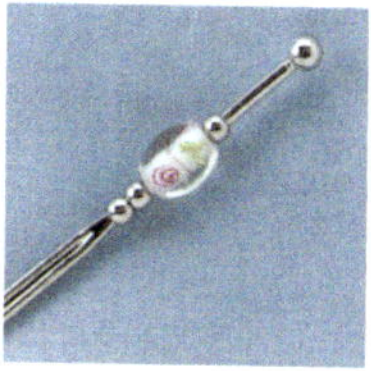

色合いといい、大きさといい、清楚な印象のこのかんざし。透明なガラスの中にバラの花が入っているトンボ玉です。たとえ髪が短くてもほしくなっちゃう。

なんとなく色がきれいで購入した帯留め、きらきらした色が紫陽花（あじさい）っぽい！　そこで三分ひもにも紫を使って、より紫陽花っぽくなるようにしてみました。

友人からプレゼントされた蛙柄の手ぬぐいです。大きなハスの葉っぱに上がろうとしている蛙や、水の中から様子をうかがっている蛙がなんとも愛らしい。

柳に蛙が飛びつく瞬間の名古屋帯。ネットでこれを見つけたときは「こんな帯があるなんて！」と驚きました。ゆれる柳にしがみついている蛙もかわいらしい。

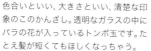

梅の手仕事

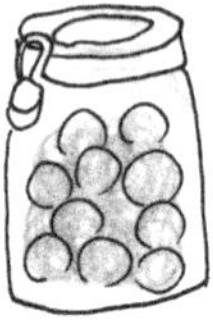

この煮梅は、冷蔵庫で半年から1年は持ちます。とろーりとろける絶品ですから、とっておきのお客さまにお出しするのですが、ブルーな気分のときは、自分を励ます意味で特別なおやつにしています。

青じその上に
置くと風流…
夏は
ガラスの
お皿で。

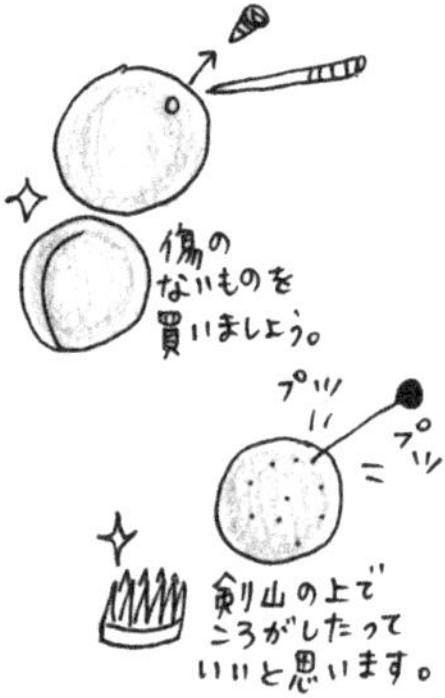

傷の
ないものを
買いましょう。
プツ
プツ
剣山の上で
ころがしたって
いいと思います。

1日目

手に入れた青梅（1キロ）を丁寧に洗って、ヘタのところをつまようじなどでほじるようにしてとり除きます。それから、安全ピンなどの針で、表面にぷつぷつと全体に穴をあけ（皮が破れるのを防ぐためです）、たっぷりの水に一晩つけておきます。

以前「煮梅」というのを紹介したところ、「作り方を教えてほしい」とお手紙やメールをいただきました。この煮梅、おそろしく手間がかかるのですが、でき上がった喜び、おいしさは格別です。

梅の季節になると、カレンダーを見て、どの3日間を「梅仕事」に当てるか気になってしかたありません。その日は絶対にほかの仕事を入れないようにするのです。

青梅は、できるだけ大粒で傷のない、いいものを手に入れることをおすすめします。以前ちょこっと傷のある安い梅で作ったら、いくら煮てもやわらかくならなくて困りました。

2日目

ホウロウの鍋にたっぷりの水と梅を入れ、弱火で15分煮たら火を止めて、そのまま水を細く流し入れ、温度が下がるまで流水に浸します。このとき、皮が破れないようにそーっと作業をしてください。温度が下がったら水を替えてたっぷりの水に30分浸しておきます。この作業（弱火で15分煮て流水で冷まして30分浸す）を3～4回繰り返します。梅がやわらかくなったら、水を2回ぐらい替えながら6時間浸したままにします。これで、苦味や渋味が抜けるのだそうです。

いったん鍋から梅をとり出し、鍋にグラニュー糖200グラムと水1カップを入れて火にかけて煮溶かし、冷まします。やわらかくなった梅を、皮が破れないようにそーっと1粒ずつ鍋に入れて並べ、グラニュー糖600グラムを上からかけてふたをし、そのまま一晩おきます。

3日目

一晩おいた鍋を弱火にかけて、クッキングペーパーをかぶせて15分煮ます。梅の熱がとれたら、ビンなどに移します。煮汁は弱火で10分程度煮詰め、冷めたらビンに注いで終わりです。

ジューンブライド

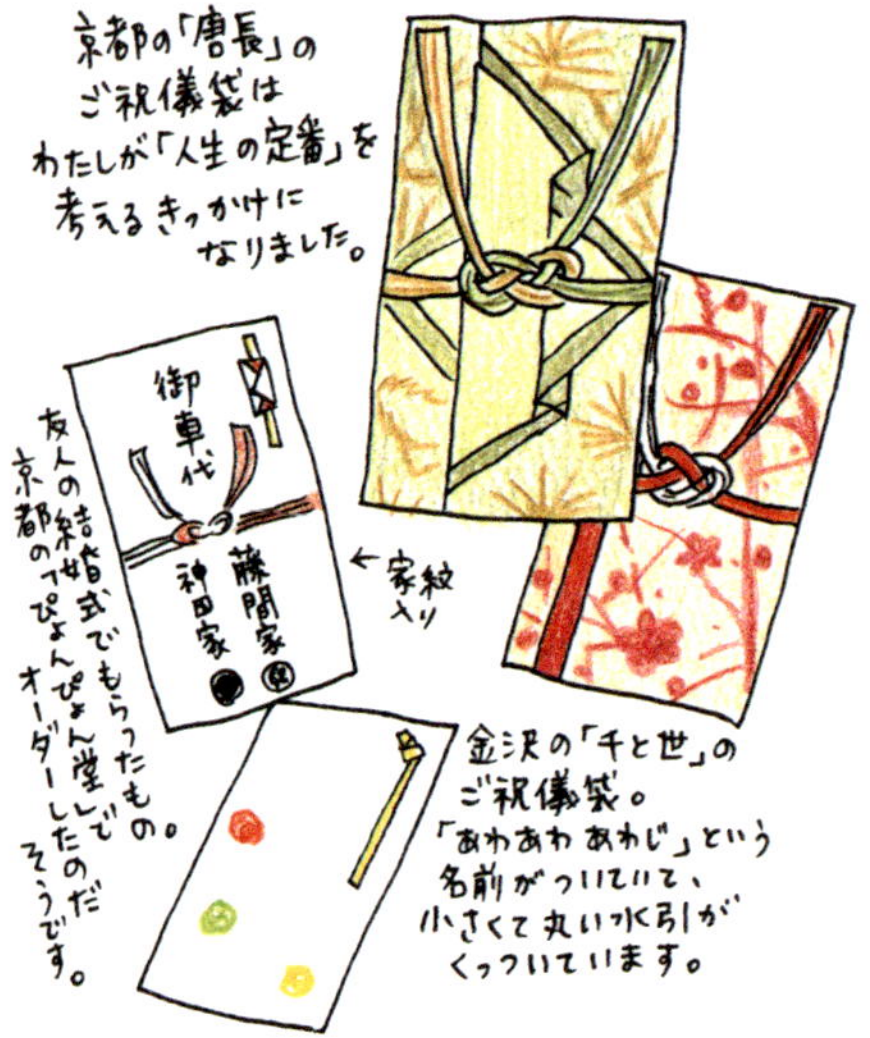
京都の「唐長」の
ご祝儀袋は
わたしが「人生の定番」を
考えるきっかけに
なりました。
御車代
藤間家
神田家
← 家紋入り
友人の結婚式でもらったもの。
京都の「ぴょんぴょん堂」でオーダーしたのだそうです。
金沢の「千と世」の
ご祝儀袋。
「あわあわ あわじ」という
名前がついていて、
小さくて丸い水引が
くっついています。

京都に「唐長《からちょう》」という京唐紙《きょうからかみ》の老舗《しにせ》があります。そこのご祝儀袋は、ほかのものとくらべものにならないくらい色のセンスが飛び抜けています。はじめてそのご祝儀袋を見つけたときは、世の中にこんなにしびれるものがあるなんて！　とまさに電撃ショックでした。

親友の結婚式に出るために選んだご祝儀袋は、さわやかな淡いグリーンと松葉の柄の和紙を組み合わせたもの。あとで友人に「あのご祝儀袋だけ光ってた！」と大絶賛されて、心の中で万歳しました。

ところで最近、昭和初期に流行した「黒いお引きずりに角隠《つのかく》し」とい

うスタイルに人気が出てきているようで、あちこちの式場で見掛けます。わたしもあのスタイルに憧れて実践したひとり。本当にすてきなんです。

ところで、文金高島田《ぶんきんたかしまだ》のでかいカツラがいやという方が多いようです。でも、きちんと自分サイズに結い直してもらったりすると、意外としっくり似合うんですよ。

結婚式に招かれるときのきものは、基本的に正装です。格式のあるホテルや式場ならなおのこと。レストランウエディングなら少しくだけてもかまいません。二次会でしたら小紋でも銘仙《めいせん》でも紬でも、いつものおしゃれ着感覚でOK。

衣替え

衣替えの季節。冬ものはたたみながら汚れなどをチェックして、それからしまっています。

汚れのひどいものは悉皆《しっかい》屋さん（それ専門のお店がありますが、町のきもの屋さんでも、クリーニング屋さんでもいい）に持って行き、オフシーズンのうちにメンテナンスしておく流れを作っておきます。

しまうときは、わたしの場合、透明のプラスチックケースにじゃんじゃん入れるのですが、そのとき、防虫剤と一緒に除湿剤も入れています。たたんだ衣類の間に入れるシート状になっていて、衣類の湿気をとってくれるというものです。これ

を入れるようになってから、うっかりカビが！　なんていうこともなくなりました。

　衣替えをきっかけに、新しいたとう紙にするのもいいと思います。茨城にある「坂本屋」というお店のたとう紙は、漉《す》いた和紙の風合いがすてきなんです。1枚めくらないとお店の名前が出てこないというシンプルさがまた潔い！　本来ならそのお店できものを買わないといけないんだろうなと思いつつ、「たとう紙がほしいんですが」とお話ししましたら、やはり人気があるようで、販売もしてくれるとのことでした。たとう紙は和紙のものに限ります。

紫陽花と雨

雨の中でいきいきと輝く紫陽花。この時期の手紙の書き出しは、たいてい紫陽花の話からはじまります。「お天気が続いて、庭の紫陽花がしょんぼりしています」とか「つややかな紫陽花のように、長雨をも喜ぶ人でありたいと思う今日このごろです」とか。

鎌倉の紫陽花寺に、白っぽいお召しを着て行ったことがあります。紫のきものにしようか迷ったのですが、花の中に埋もれてしまうよりもと思って。写真に撮ったら、白を選んで正解でしたね。紫陽花の彩りがとても鮮やかで、白いきものはちょうどいい紫陽花の引き立て役になって

いましたから。

帯留めは紫陽花色のもの。実は洋服用のブローチなのですが、ブルーと紫の石が紫陽花に見えて、この季節にぴったり。ビーズ細工で手作りしてもいいですね。

雨の日にいいきものなんて着ないわたしですが、どうしても、というときはすそをたくし上げてはさみ込むか、洗濯バサミではさんで、その上から腰巻型になった雨具を巻いて出かけます。

先日ある通販のカタログに、透明のきもの用雨ガッパと草履カバーが載っていました。使い勝手はどうなのかなあ、と興味がわいています。

コラム

季節の玄関先

【鈴虫の虫かご】

センサーつきなので、人が通るたびにりーん、りーんと本物の鈴虫の声がします。精巧な竹の虫かごの中に、木彫のナスと鈴虫。見とれて、聞き惚れて…。

【うさぎのおひなさま】

ちりめんと古布でできた、小さなうさぎのおひなさまは、とても愛らしい表情をしています。桃の一輪ざしを添えてもいいですね。

【鏡餅《かがみもち》とお屠蘇《とそ》】

ミニチュアの鏡餅とお屠蘇は、和紙の風合いを生かした温かみのある飾りもの。干支の置きものと並べてもいいですね。

【小さなガラスの金魚鉢】

ミニチュアのガラス細工でできた赤い金魚と黒いデメキンを、これまたミニチュアの金魚鉢に入れます。小さいと目立ちにくいので、玄関まわりはいつもすっきりさせておきましょう。

7月

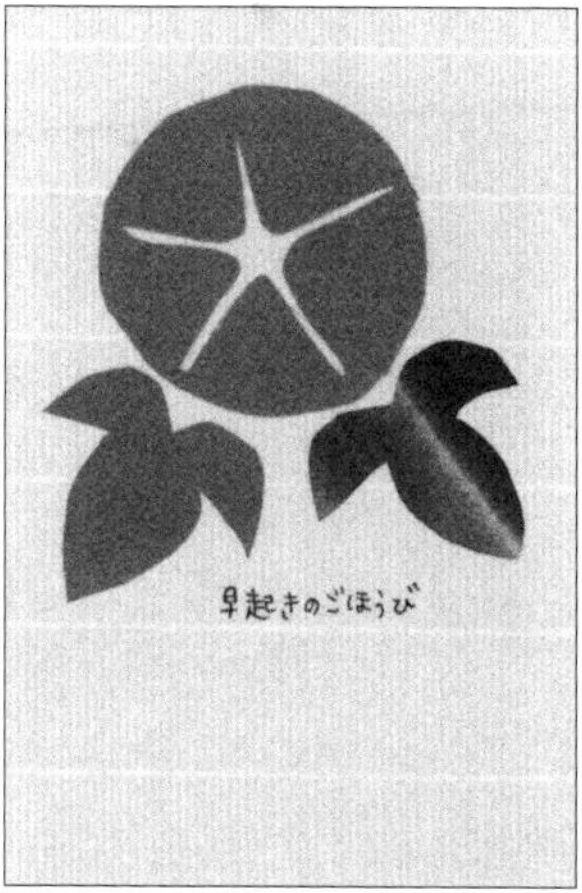

【7月の和月名】

＊文月（ふみづき）、七夕月（たなばたづき）、七夜月（ななよづき）、涼月（りょうげつ）＊文（ふみ）は手紙のことで、織姫と彦星がお互いに手紙を書く月なのかと思っていましたが、「稲ふくらむ月」がつまって「ふみつき」になったという説と、穂が育って見えるようになったことから「穂見月」が転じて「ふみつき」なったという説があるのだそうです。

7月のきもの

すすきが風になびいているような麻のきものに、芭蕉（ばしょう）の葉の帯。帯締めと帯揚げを両方ピンクにするよりも、どちらかに水色を入れて涼しげに見せるほうが好き。

プレゼントされたビーズの帯締め、なんと手作りなんです。糸にビーズを通すだけで気が遠くなってしまうわたしにとって、神わざとしか思えない。感謝。

白地の絽(ろ)の帯揚げ。赤いカニさんとあぶくがユーモラスでしょ。ネットショップでこんなかわいいものを見つけたら即ゲット！　たいていが数量限定ですからね。

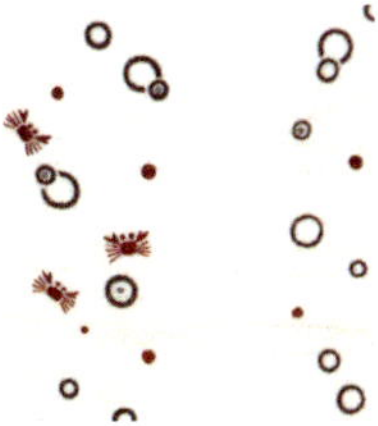

絽のリバーシブル半幅帯は正絹で、軽くて締めやすいのでお気に入り。もともとは絽の反物なのですが、半幅帯に作り変えてもらい、商品化されました。

天の川、笹の葉、短冊、紙で作った輪などたくさんの七夕グッズが描かれた手ぬぐいです。7月7日はもちろんのこと、7月のお出掛けには欠かせません。

代官山の「かまわぬ」で購入した鉄線(てっせん)の手ぬぐいは、店先で目が離せなくなったほど気に入りました。この柄のゆかたがあったらいいのにな、とひそかな願望です。

透ける素材

ある日、何げなく歩いていた道端で、スカーフのワゴンセールをしていました。のぞいてみると、オーガンジーの素材に小さなビーズがたくさん縫いつけられているものを発見したのです。

広げてみると、まるで花嫁さんのベールみたい。「きれい」と素直に思いました。どう使うか、何に合わせるかなんて二の次、だってこんなにきれいなんだもの。それまですっかり忘れていたのです、透ける素材のきれいさを。そのスカーフは、半衿にも帯揚げにも大活躍しています。

絽や紗《しゃ》などの日本に昔からある「透ける素材」も、いかにもたくさ

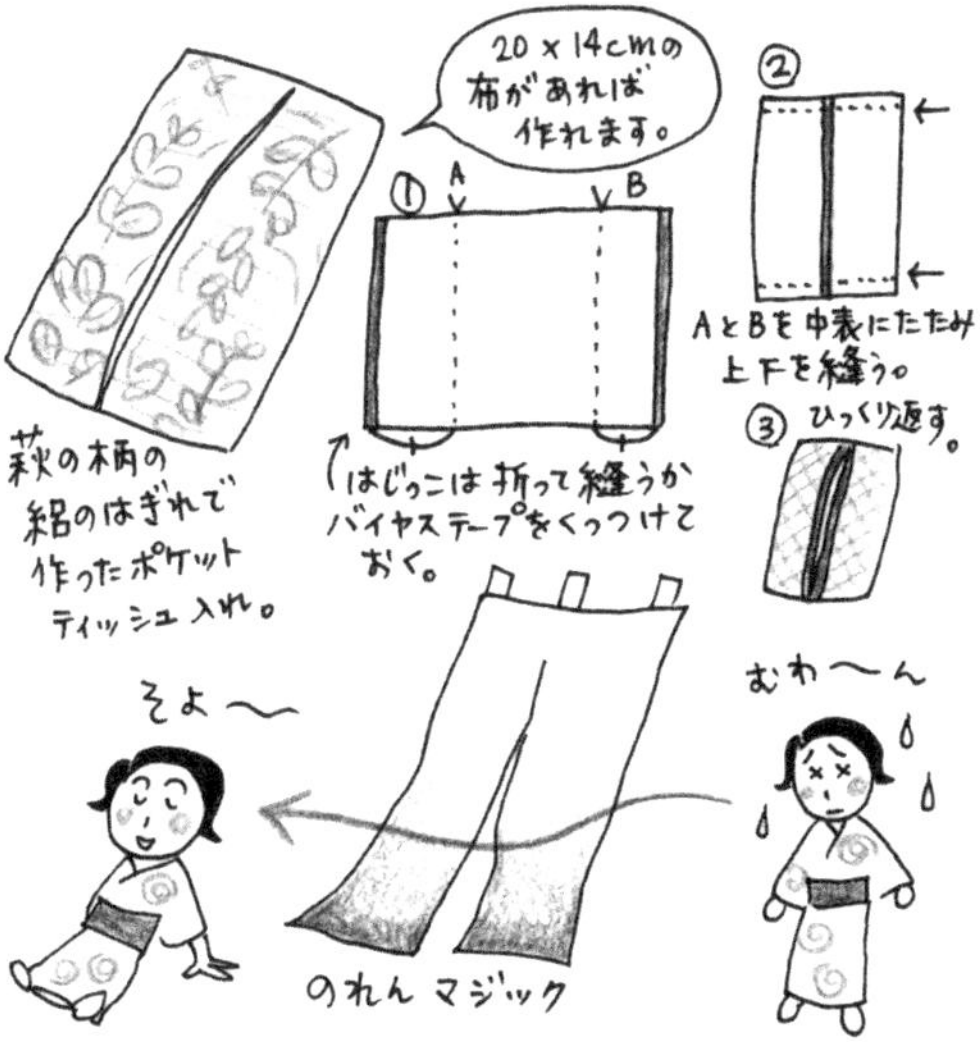

んの風を通すという感じで大好きです。絽のはぎれで作ったポケットティッシュカバーなんて、直接身につけるものじゃないのに、ハンドバッグに入っているだけで夏のおしゃれをしている気になってきます。布の力は偉大！

夏になると、藍《あい》をぼかし染めにした麻ののれんをかけるのですが、そののれんの下をくぐってきた風は、なんとなく特別に涼しい気がしてしまうから不思議。これまで黄色やオレンジ色だった熱風が、のれんというフィルターを通して淡い水色のそよ風になってくるような、そんな気がするのです。

縞

縦縞はやせて見える!? 背が高く見える!?
横縞は仕立て方を工夫して
大きな市松のようにする。

「縦縞はやせて見えるから」と手に入れた茶色とグレーのこまかい縦縞のきものがあるのですが、わたしが着るとどうしても旅館のドテラにしか見えなくてガッカリ。それでもちがう色目の縞だとすっきり見えたりする。同じ縞でもいろいろあるものなんですね。あと、横縞だと体のラインが強調されますが、和裁の先生によると、横に段のある反物は、縞が重ならないように仕立てればいいのだそうです。

「縞は粋《いき》になりやすいから着こなしが難しい」と母に言われて以来、わたしには無理かも、と一時期あきらめて遠ざかっていたのですが、時代

大胆にも
縞模様の
中に、マジックで
波線を追加。
白いビーズは
波しぶきのイメージ。
船の形のボタンを
縫いつけて、
海っぽくしてみました。
縞は
「島模様」が
語源。
島伝いに
伝わったから
なんですって。
これなこと、
500円の帯だから
できたんです…。

劇に出てくる町の女の人のきもの姿を見ていたら、やっぱり着てみたくなりました。考えてみたら、ストライプのワンピースは着るんですもの、きものだってきっと同じはず！

縞の生地で名古屋帯を作ると、前から見たところと後ろから見たところの柄が縦横逆になってしまいます。だから、洋服地で作るのもいいと思います。どっちも縦縞（あるいはどっちも横縞）に作ることが可能ですから。お太鼓の部分と前の部分を切って、縞の方向を変えて縫いつけてしまうのです。縞の中にビーズを縫いつけ、模様にしてもかわいいですね。

お誂えの気持ちよさ

思わずきものが
たまらな〜く愛しくなります。
ギュ〜〜
★なんといっても
ジャストフィット感！
★着くずれが減る
★着くずれても直すのがものすごくラク
★着姿がキレイ
そんなことまで聞くんだ！ウレシイ！
袖の丸みはどうします？
細かくカスタマイズするのもお誂えならでは。

仕立て上がりのきものや、リサイクルのものばかり着ていたころは気にも留めていなかったけれど、自分サイズに仕立てられたきものって、体にスッとなじんでそのまま溶け込んでしまうんじゃないかと思うくらいのフィット感なんです。着つけをするにもラク。腰ひもの数も減りました。

袷よりも単衣、単衣よりゆかたの仕立て代が安いですから、これまで誂えたことなんてなかったけど、ちょっと試してみようかなという方は、まずは、ゆかたを反物で買って、チャレンジしてみてください。

8月

【8月の和月名】

＊葉月（はづき）、月見月（つきみづき）、桂月（かつらづき）、紅染月（べにぞめづき）＊桂月とは、月にあるという桂の木が紅葉して月が明るく輝くという古くからの伝説から来ています。葉月の「葉」もその桂の葉のようです。

8月のきもの

溶けちゃいそうに暑くても、キリリとゆかたを着た姿は涼しさを誘います。ちらちらと揺れるトンボ玉の根付けも、ゆかたに合わせてさわやかな色をセレクト。

ホタル柄の巾着が入っているカゴを発見。まるでホタルが入ってる虫カゴみたい。巾着は縫いつけられていなかったので、花柄の巾着を入れて「着せ替え」もしました。

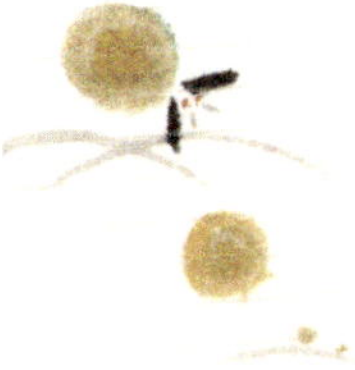

京都に住んでいる友人に頼んで描いてもらったホタル柄の半衿です。こんなすてきな絵が描けたら、たくさんのオリジナル半衿を作りたくなっちゃうだろうな。

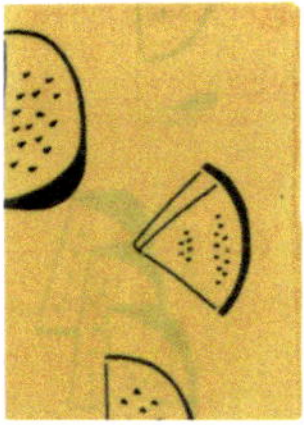

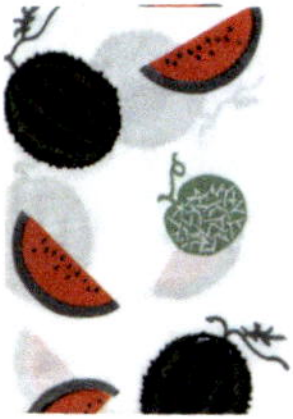

持っているだけで楽しい気分になってくる、スイカの手ぬぐいたちです。なんでこんなに楽しいのかと考えてみたら、夏休みのイメージなんですね。納得。

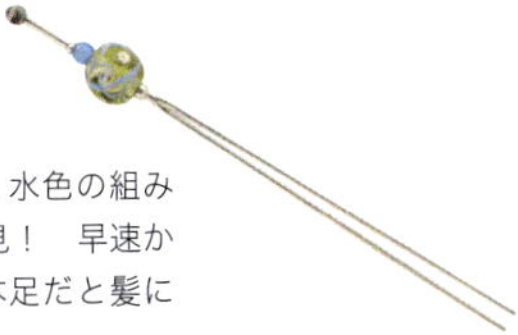

透き通ったオリーブグリーンと、水色の組み合わせが涼しげなトンボ玉を発見！　早速かんざしにしてもらいました。二本足だと髪にさしたとき安定します。

お気に入りのショップ

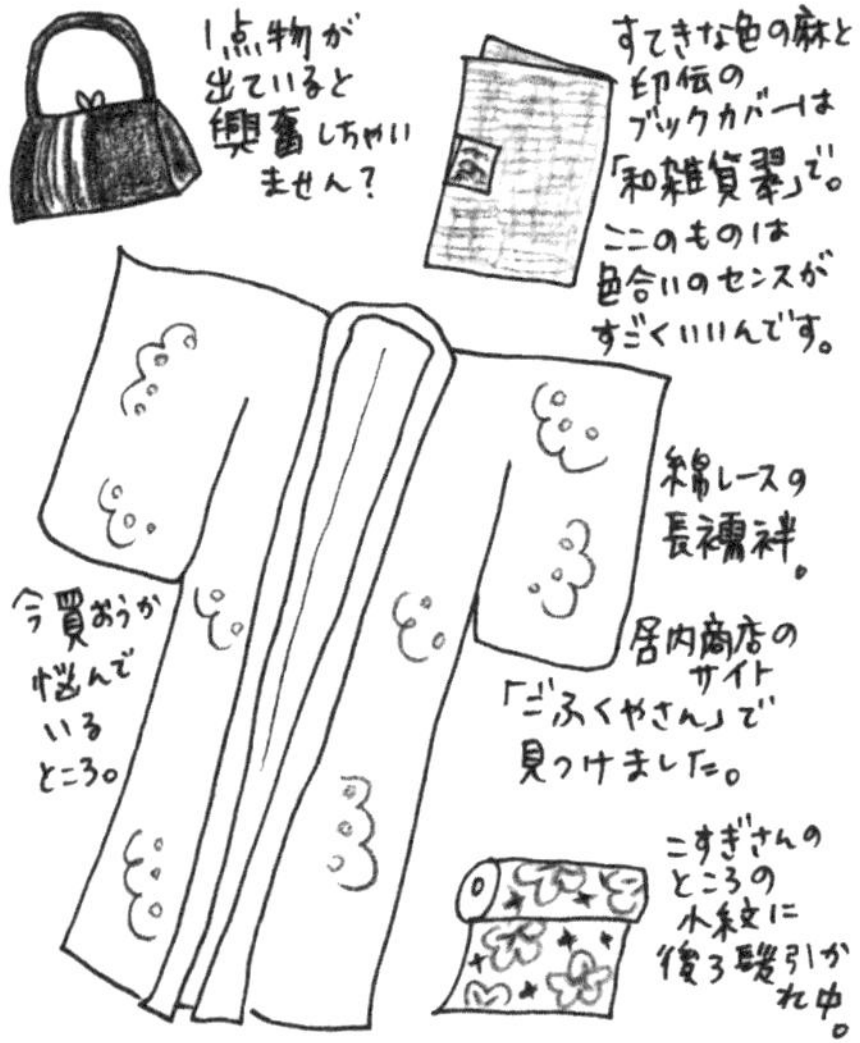
1点物が出ていると興奮しちゃいません？

すてきな色の麻と印伝のブックカバーは「和雑貨翠」で。ここのものは色合いのセンスがすごくいいんです。

綿レースの長襦袢。

居内商店のサイト「ごふくやさん」で見つけました。

今買おうか悩んでいるところ。

こすぎさんのところの小紋に後ろ髪引かれ中。


おしゃれな雑誌を見ると、掲載されているお店はたいてい東京だったりします。東京に住んでいる人はいいかもしれないけれど、みんながみんなそういうわけじゃない。すてきなお店は都会に行かなきゃないのかというと、実はそうでもなくて、結局はお店の人のセンスなんじゃないかと思います。

そして、センスだけがよくてもだめで、仕入れ先を研究するまめさ、というのも必要不可欠。少なくともわたしが気に入っているお店の人たちは、みんな勉強熱心。そして何より、楽しんでいる！

インターネットのお店は平等です。

たとえ夜中でも買いものができるし、他人の目を気にしないでじっくり、ゆっくり考えることもできます。わたしのお気に入りのネットショップは商品が豊富な「せんだいや」、おもしろいものばかりでうきうきしちゃう「居内商店」。「TAMARU産」のアクセサリーは、個性的ながらもきものに合うので新作チェックは欠かせません。「月之《つきの》」のハンドバッグは限定品も出るので目が離せません。

　とはいえ、ネットばかりに頼るのはいけません。なんでも気軽に相談できる地元のお店を見つけるのも大切なことです。

ゆかた

ブランドものの華やかなゆかたは、地色が赤だったり黄色だったりさまざまです。柄も個性的なものがたくさん。中には菊や桜、毬《まり》の柄など古典的な柄もあり、小紋としてお正月に着てもいいような気さえしてきます。個人的にはそういう柄は、ゆかたとしてよりもきものとして楽しんでほしいんだけどな。とはいえ、こういうところで自分に似合う色や柄を見つけておくのもいいものです。

　あるデパートのゆかた売り場で見つけた紫の地に白い菊の柄のゆかたは、あとで同じような小紋を探すきっかけになりました。ゆかた売り場へ出掛けるのは、似合う色や柄を

探すいいチャンスだと思うのです。
紺地に赤い花のゆかたや、白地に紺のすっきりした柄のゆかたは、昔からある定番品として、毎年コンスタントに売れていくそうです。特に派手なゆかたを着る人が増えて、逆にシンプルなほうが目立つからと選ぶ人もいるみたい。
わたしが注目しているのは、夏のきものとしても着られるゆかた。麻混だったり、しんなりした新素材だったり。半衿をつけて足袋をはけば、夏のきものとして楽しめるんです。あと、透けているようにも見える変わり織のもの。もう1枚増やすなら、このタイプかな。

きもの姿の写真

子どもが生まれたのをきっかけに、毎年同じ日にきものを着て記念撮影していこうということになりました。

そこで、生後2カ月の息子に祖母の形見のうちのひとつだった男の子用の一つ身のきものを着せました。このきもの、空襲を避けるために土の中に埋められていたのだそうです。紺色の地に松の柄。帯がなかったので、地味な色の帯揚げをへこ帯のように結んでみました。わたしたち夫婦のきものは控えめにコーディネートしようとしたのですが、結局、水色の付下げをセレクトしました。

友人のところは女の子だったので、赤ちゃんはピンクのきもの、そして

彼女は白地の訪問着。それがとってもすてきだったんです。

知り合いのカメラマンに聞いたところ、白いきものはレフ版の役割を果たすから、肌がきれいに写るのだそうですよ。

最後に、きものの写真を上手に撮ってもらうコツをいくつか。まず、歩幅を狭くして内股で立ち、手先をピンとそろえます。次に、衿元の乱れとおはしょりのしわをチェック。カメラは下からでなく、目線よりも上から撮ってもらったほうがいいそうです。あとは、太陽光を横からとり入れるようにすると、いい表情になるそうです。

手ぬぐい

雪うさぎ
いちょう
スイカ
BEER
ビール
今考案中のものは、田植えしたあとに青空が映りこんでいる情景。

自他ともに認める、手ぬぐい好きのわたしは、ハンカチ代わりに半衿に……と、とにかく手ぬぐいの出番が多いのです。1枚、また1枚と、つい増やしてしまうのは、季節の柄がたくさん出ているからなのかも。

夏はスイカや朝顔、金魚、カブトムシ、鯨、波の柄など、そのままゆかたにしたらおもしろいだろうな、という個性的なものがたくさんあります。

食卓まわりに手ぬぐいというのもいいもんだな、と最近思い出して、茶だんすの中に敷いてみたり、少々くたびれてきたものなどは台ふきんとして使ったりもしています。手ぬ

ぐいは薄手で乾きやすいので、枕カバーにしてもいいですし、赤ちゃんや子どもの背中に汗とりとして入れるのもいいですよ。

そこで思いついたのが、手ぬぐいで作る赤ちゃん用タンクトップ。これ、枚数さえあれば、大人用のも作れるんじゃないかな。また、1枚の手ぬぐいできんちゃくを作ったら、旅行のときに下着を入れるのにちょうどいい大きさになりました。

今年は、手ぬぐいにのしをかけて、引越しのあいさつや内祝《うちいわい》に使いました。普通の手ぬぐいじゃなく、楽しい柄のものを選ぶので、珍しがってもらえましたよ。

コラム

プレゼント

秋

【文庫本カバー】

読書の秋を前に、ちりめんや麻などでできた文庫本カバーを。きちんと、しおりまでついているんですよ。お気に入りの小説やエッセイをセットにして贈ります。

春

【豆皿とお箸、手ぬぐい】

春からひとり暮らしをはじめた人に、食事の楽しさを伝えるプレゼント。お花見のとき、それぞれが自分のお皿とお箸を手ぬぐいに包んで持ち寄るのもすてき。

冬

【エプロンかっぽう着】

大掃除、おせち作り……と年末の慌ただしい時間も、こんなかっぽう着ならおしゃれで楽しいかな、と思うのです。かっぽう着は袖口にゴムが入っているので、水仕事のときにラクチン。丈は長めです。

夏

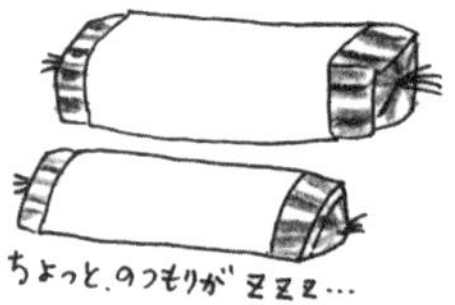

【お昼寝用枕】

小ぶりの枕は、お昼寝をするのにぴったり。木綿の色と柄がなんだか懐かしい感じです。網戸越しに入ってくる風に期待しながら、たたみの上にごろん。おなかが冷えないよう、バスタオルをかけてね。

9月

【9月の和月名】

＊長月（ながつき）、菊月（きくづき）、詠月（ながめづき）、寝覚月（ねざめづき）＊秋も深まって、夜の時間が長くなってくる月なので「長月」となったようです。寝ても覚めてしまう月というのも、夜の長さを物語っています。菊の花が咲くときなので「菊月」とも言います。いよいよ秋らしくなってきました。

9月のきもの

半衿などの小物類は夏ものを利用する９月。単衣に仕立てた琉球紬（りゅうきゅうつむぎ）に麻の半幅帯を合わせました。帯留めはトンボ…この小さい秋にだれか気づいてくれるかな。

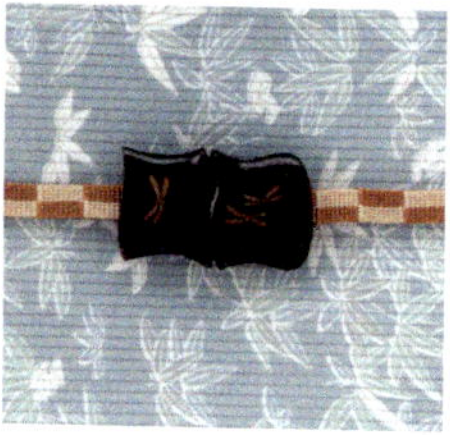

竹の形をしたべっ甲の中にとんぼが描かれている帯留め。笹の柄の絽の半幅帯に合わせてみました。三分ひもをからし色にすることで、秋らしさがただよいます。

温泉街のお土産屋さんで見つけた下駄。横から見るとかかとが少し高くなっていて、どちらかというとサンダルに近いかもしれません。

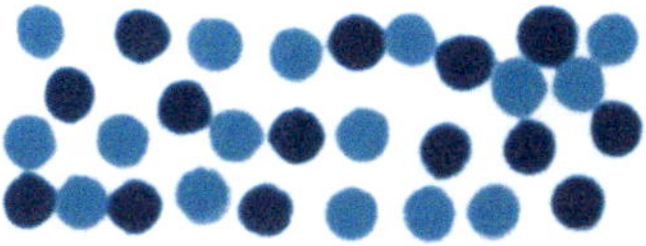

涼しげな中にどこか秋を感じるな、と思ったら、この丸がお月さまを想像させていたようです。「シャボン玉」という名前の手ぬぐいです。

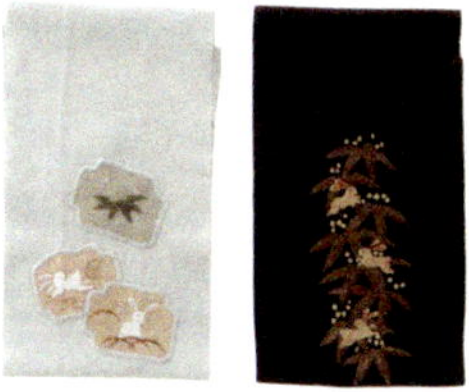

うさぎの刺繡半衿。どうしてもお月見のイメージが強いんですが、基本的に季節は関係ありません。とはいえ、秋冬のほうが登場回数は多いかも。

コンサート

「東京オペラシティ」がまだできたばかりのころ、インドの楽器「シタール」の第一人者である「ラヴィ・シャンカール」のコンサートに行きました。

休憩時間になって、たくさんの人々が会場から出てきたのですが、サリー姿の女性がたくさんいらっしゃいました。民族衣装っていいなと素直に思ったのですが、ハッと気づいてみると、日本人はたくさんいるのに、きもの姿の人はひとりもいません。その日はわたしも洋服でした。

そのとき、きものを自信満々に着ない日本人（わたしも含めて）が、

なんだか、とても恥ずかしく思えてしまったのです。圧倒的な音楽に酔いしれた夜でしたが、きものを着ていかなかった後悔があとあとまで残りました。

　それ以来、音楽にきものはつきものになりました。クラシックのコンサートや雅楽の公演には、ちょっとエレガントな雰囲気の小紋を着て行きます。ロック系のイベントやライブには、カジュアルな紬や木綿にピアノ柄の半衿《はんえり》をして、足を踏まれても汚れを気にしなくてすむ色の濃い足袋をはいていきます。そして、ジャズのコンサートには、黒を基調にしてモードな雰囲気に！

お月見

日本人は何かを何かに見立てて作るのが上手、といわれているそうです。お月見の晩、雲がかかって月が見えないことを「無月《むげつ》」、雨が降っていて見えないことを「雨月《うげつ》」と言うのですが、そのときのために、何かを月に見立てるのです。たとえばススキを生けた花びんの向こう側に白いうちわをすっとさす。「ほら、見て見て！　月が出てきたよ」というあんばいです。見えない月に対して恨みがましいことを一切言わず、するっと切り抜けるほがらかなアイデア。日本人ってすてきだな。

　わたしのお月見コーディネートは、お勤め時代にフンパツして買った黄

色い琉球紬に、たぬきが満月をバックに酒ビンをかついでいる染めの名古屋帯。「これは定番だわ！」と思っていたところに、伯母が手に入れたきもの、それは黒地にうさぎと月とすすきの描かれた小紋。ぎゃー、ヤラレタ。落ち着いた雰囲気なのにかわいらしさもただよって、無意識のうちに「今度貸して！」と言っていました。

うさぎのモチーフはけっこう世に出ていて、半衿、帯留めなどのほかに、下駄の台の部分にうさぎの柄というのもあります。脱いだ履きものが並んだときに、季節感や情緒が伝わるって、すてきですよね。

きもののお洗濯

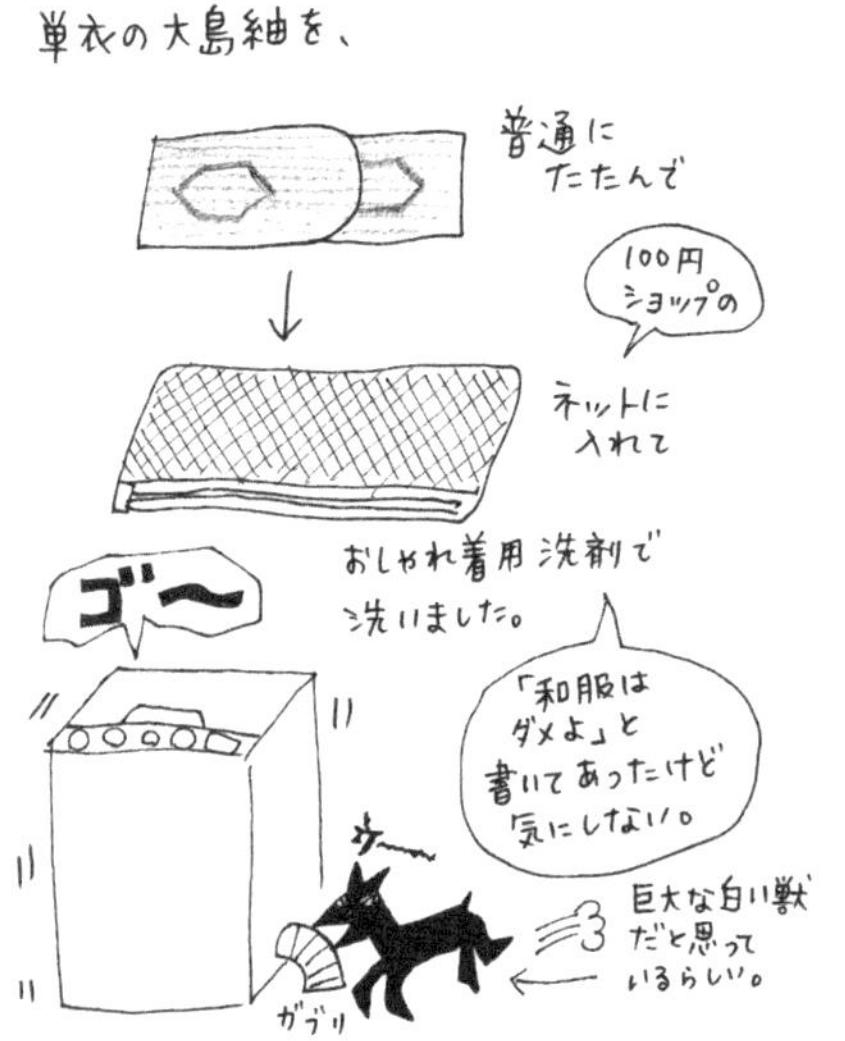

洗えるきものはたたんでネットに入れ、普通に洗濯機で洗っています。今はおしゃれ着用の洗剤や色柄用の洗剤なんていうのもたくさん出ていますからね。

木綿のきものも、扱いは洗えるきものと同じ。脱水をゆるめにして、きものハンガーに干せば、仕上がりもきれいです。アイロンをかければ、かための脱水でもいいという話なんですが、どうもわたしは、アイロンがめんどくさくて。とはいえ、きもののアイロンがけはワイシャツなんかよりずっとラクですよ。まっすぐですから。

洗濯だけしてクリーニング屋さん

に「アイロンだけお願いします」と持ち込むのもひとつの手。でも、木綿のきものって、お店によっては「ゆかたと同じ扱いでいいです」と頼むと、1000円程度でクリーニングしてくれるところもあるんです。

　シミ対策というけれど、どうしたって汚してしまうものです。特に白っぽいきものなどは汚れが目立ちやすいですから、ほっとくわけにはいきません。どんどん広がっていくし、そのままにしておくとカビにもなりますからね。汚れはたたいてほかの布に移すに限りますが、どうしても困ったときはプロに任せたほうがいいかも。いいものなら特に。

時代劇から学ぶ

祖母の影響で、時代劇がけっこう好きです。

勧善懲悪なのが気持ちいいというのもありますが、最近は、映画やドラマの中に登場するきもの姿が気になってしかたないんです。

時代劇のきものは、現代劇のきものとちがって派手。サーモンピンクの半衿や水色の絞りの半衿が登場するのなんてしょっちゅうです。

それに、登場人物の年齢や職業、性格までも、きもの姿できちんと表現されているのだからおもしろい！

半幅帯をちょっとずらして締めていたり、帯締めも帯揚げも使わないで角出しに結んでいたり、紫地に白の

模様のきものに赤い襦袢、赤い伊達《だて》衿《えり》……。コーディネートもビビッドで楽しい！

　若村麻由美さんが主役のテレビドラマ「夜桜お七」では、桜のかんざしが印象的でしたし、「水戸黄門」に出てきた女の子が姉さまかぶりをしていた手ぬぐいは、くしとかんざしの柄でかわいらしかった！　もうすっかり、小道具までチェックするようになっています。

「ええっ？　この時代に網タイツなんてあるわけないじゃん」なんて野《や》暮《ぼ》なツッコミは、こっそり心の中で。

コラム

とり寄せて楽しむ和菓子

秋

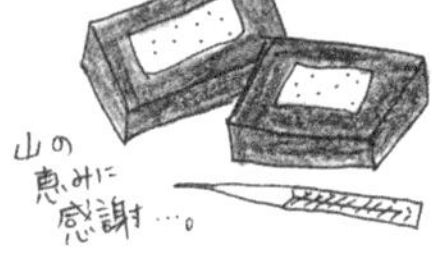

【饗《あえ》の山《やま》】（中松屋）

饗の山とは、栗やあけびなどの山の幸をたくさん与えてくれる山のことなのだそう。やわらかい羊羹の中には、みちのくの栗を丁寧に裏ごししたものが詰められています。

春

【さくら麩《ふ》】（麩嘉）

桜餅や道明寺とはまたちがった和菓子です。麩まんじゅうは独特の歯ごたえと風味が身上。季節限定のこの麩まんじゅうはほんのり桜色で、柚子あんとこしあんを混ぜたものが包まれています。

冬

【薄氷《うすごおり》】（五郎丸屋）

冷えた冬の朝、薄ーく張った氷をそっと指でつまんだことはないですか？　ペキ、ともパキともつかない、はかなげな音を立てて割れる、あの薄氷そのものと言ってもいい、和三盆を使ったお菓子。

夏

【夏柑糖《なつかんとう》】（老松）

いちばん最初は、京都の友人からお土産にいただいたのですが、「お菓子」という枠を超えていて衝撃的でした。夏みかんの果汁を絞って寒天で固めてあります。甘いものが苦手な方にもおすすめ。

10月

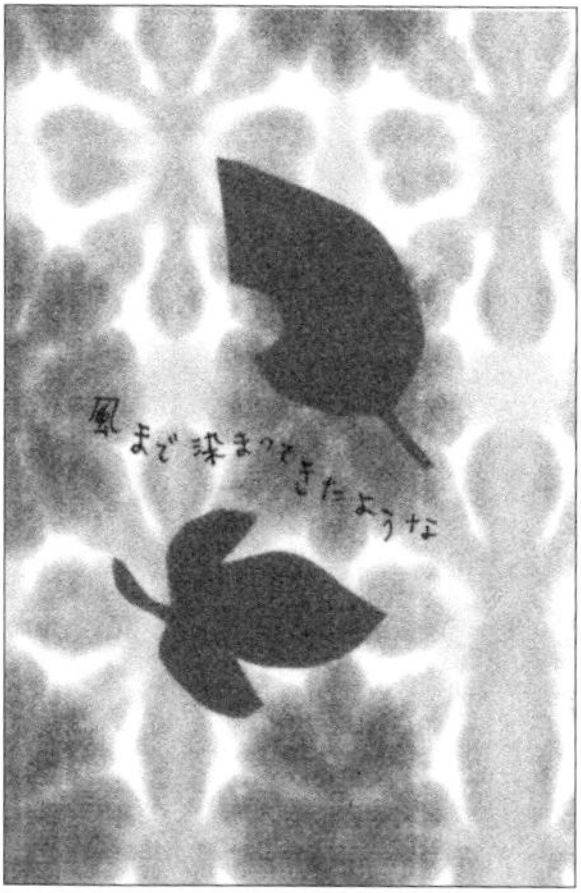

【10月の和月名】

＊神無月（かんなづき）、神在月（かみありづき）、神去月（かみさりづき）、鎮祭月（ちんさいげつ）＊全国の神さまが出雲大社へ出かけて留守になるため「神無月」といわれますが、出雲では「神在月」といい、今でもカレンダーにそう書いてあるものもあるそうです。「良月（りょうげつ）」や「吉月（きちげつ）」などのお月さまにかかわる縁起のいい名前も。

10月のきもの

衣替えとはいうけれど暑いなら単衣で十分。それでも帯や半衿には秋らしい色を使うといいみたい。帯締めの白は、夕焼け空に伸びる飛行機雲をイメージ。

菊長バッグは、きもの用として売っていたものなのですが、ドレッシーなワンピースにもよく似合いました。見た目よりもものが入ります。

クリーム地にオレンジや黄色の木の実が小花のようになっている半衿に、さわやかな秋風を感じます。きものがもみじの柄でなくたって秋を表現できるんです。

銘仙チックな紫に、すっかり心奪われました。どこかピンクがかった茶色の差し色が、秋らしさを添えてくれます。丸ぐけの帯締めは、昔っぽく見えて大好き！

厳密にいえば、鳥にも季節があるのですが、この鳥の場合は雀っぽくもあるので、勝手にそう判断。稲穂が実るこの季節、穂をつつきにくる雀ということで。

紫苑（しおん）で描かれた染めの名古屋帯。うっかりシミをつけてしまい、上から花を描き足してもらうことに。あまりに見事な技すぎて、描き足し箇所が不明。

読書の秋

きものの描写がとてもリアルで大好きな小説は、幸田文《あや》の『きもの』、有吉佐和子の『紀ノ川』『香華《こうげ》』、谷崎潤一郎の『細雪』。実用書としては、『お茶席の冒険』（有吉玉青著）、『着物の悦び』（林真理子著）がおもしろかった。お父さんやだんなさま、彼氏にプレゼントしたい本は、『男のふだん着物』（鴨志田直樹著）。

文章を読むのばかりが「読書の秋」じゃありません。画集を眺めるのもおすすめです。特にわたしは、鏑木《かぶらぎ》清方《きよかた》や小倉《おぐら》遊亀《ゆき》、上村松園《うえむらしょうえん》の描くきもの姿が大好き。コーディネートの参考にもなりますよ。

きもの姿が参考になるマンガもあ

本屋さんや
図書館に
行くと
時のたつのが
早い…
そうそう
そうなの
よネ～
杉浦日向子さんの
『大江戸観光』の中にも
きものについて
書いてるのがあります。
学研の図説
『江戸庶民の衣食住』には
江戸時代の帯結びが
たくさんのっていました。
電車の中、病院の
待ち合い室… すぐに
とり出せる 読みかけの本。
ものすごく
テキトーっぽくて
気に入った！
たまには
おいしいケーキのある
喫茶店で
読書タイムしたいな。

ります。わたしが好きなのは『永遠の野原』（逢坂《おうさか》みえこ）に出てくる一姫《いちひめ》のきもの姿。弟・二太郎（主人公）と愛犬みかんとの、おもしろく温かなエピソードがお気に入りです。一姫《いちひめ》はいつもきもの。少し下のほうに細い帯をしていて男物のような感じ。でもお出掛けのときは、帯を名古屋帯に替えたりしているみたい。

もうひとつ、『サザエさん』もおすすめ。文庫版だと5巻あたりから頻繁に日常のきもの姿が登場します。昭和20～30年あたりかな。きものにかっぽう着を着て、手に豆腐をのせたまま話していたり、走ったり寝転んだりしていますよ。

動物モチーフ

きもの友だちが『ライオンキング』を観に行くのに、動物を意識してきもの遊びをしたそうで、なるほどなあ、と感心しきりでした。わたしはといえば、秋の飲み会に酒ビンをかついだタヌキの柄の帯で行ったりする程度でしたから。

でも、よく見ると動物モチーフってけっこう持っていて、うちの犬によく似ているバンビのブローチを帯留めにしているし、ネコの柄の半幅帯もあります。タヌキの帯はお月さまがばっちり描かれているのでいかにも秋ですが、そのほかは、季節を意識しなくてもいいものばかりなので、けっこう便利なんですよ。

動物柄ではないのですが、茶色いきものにバナナとリンゴの柄の手ぬぐいを半衿にして、「おさるさん」になったことがあります。学芸会みたいで楽しかったな。

鳥の柄の半衿をして焼き鳥を食べに行くとか、競馬に行くのに馬の柄の帯をして行くとかもアリなんじゃないでしょうか。動物つながりのお出掛けが楽しくなりそうですね。

そういえば、夫がはじめてきものを作るとき、「長襦袢の柄は絶対にトラじゃないといやだ」と言い出して、探すのに一苦労でした。結局、竹やぶからヌッと出てきたトラの柄が見つかり、一安心です。

散歩

「秋深し
熱き紅茶とビスケット」
という俳句を見つけて
実行したわたしと友人。
ザ
のんびり
歩いて
いると
いろんな
ものに
出合います。
夕陽が沈むのを
眺めてから
帰りました。

ある落ち葉の季節に、友人とふたりで公園へ散歩に行きました。わたしは熱い紅茶をポットに入れて、友人はおいしいビスケットとリンゴを持って。池をぐるりと囲むように植えられた木は赤や黄色に色づいていて、空にはぽくぽくひつじ雲。木でできたテーブルとベンチがある、ちょっと高台の場所に腰を下ろして、のんびりおやつ。名づけて「赤毛のアンごっこ」を楽しんだのでした。

きものでお散歩するときは、ゆるめの下駄よりもぴったりフィットした下駄のほうが歩きやすいようです。また、きものを少し短めに着るとすそさばきがラクですよ。

11月

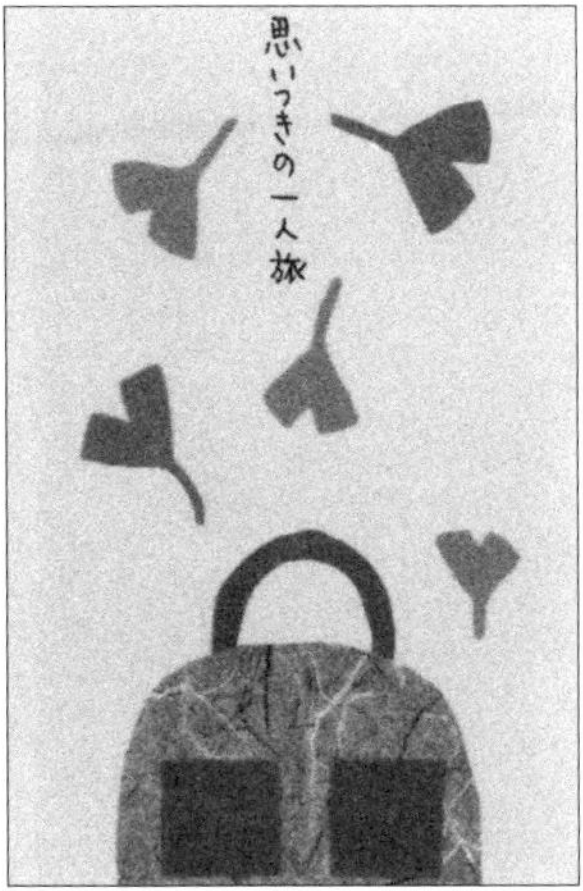

【11月の和月名】
*霜月（しもつき）、神帰月（しんきづき）、雪待月（ゆきまちづき）、冬半（とうはん）*霜が下りる月なので「霜月」、雪が降りそうなので「雪待月」ですが、実際にはまだまだ紅葉が見ごろの場所もたくさん。旧暦では10月から12月が冬なので、11月は冬の半分、つまり「冬半」です。10月にお出掛けしていた神さまも帰ってきたので「神帰月」ともいわれます。

11月のきもの

もともとは白いきものだったのですが、シミが目立つので、色をかけて仕立て直してもらいました。半衿にしたのは、もみじ色した鹿の柄の手ぬぐいです。

鼻緒がなんとも愛らしい、スエードの草履です。スエードは秋冬の素材。水濡れ厳禁なので、雪が降ってしまう前に履いておきたいな。

落ち葉のプリントが、どことなくおしゃれなカフェっぽくてお気に入りの、木綿のリバーシブル半幅帯。裏の濃い茶色をちらりと見せるように、少しずらして締めています。

このトンボ玉の根付け、中に描かれたのは椿かしら、それとも山茶花（さざんか）かしら。オレンジの色合いを暖かな焚き火に見立てれば、花は歌のとおり、山茶花ですね。

とろとろに完熟した柿のような赤さの帯留めは、うるし塗りのものです。赤なのでクリスマスにもお正月にもぴったりですし、晩秋にもしっくりきます。

もみじって不思議です。たった1枚あるだけでまわりを一気に秋にしてしまうんですから。この帯はアンティークの1点もの。欄干（らんかん）が京都の嵐山（あらしやま）を想像させます。

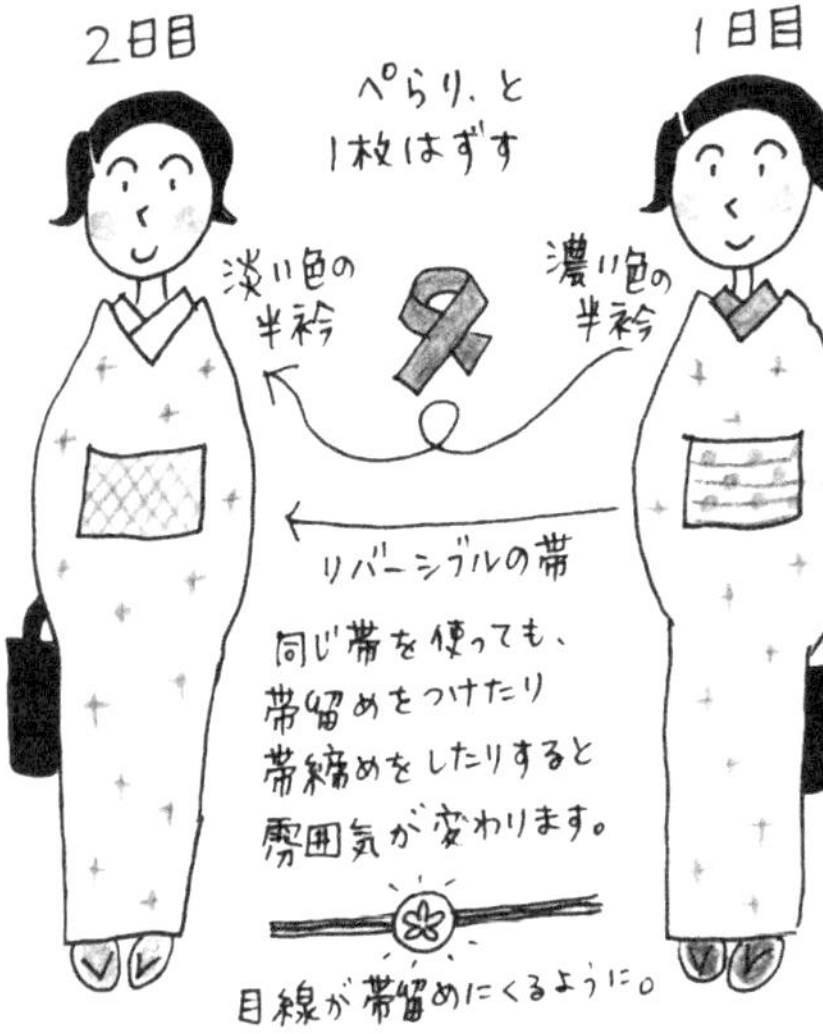

きもので旅行と言うと、「わー、たいへんそう」と言われます。だけど、実際には洋服よりもずっとラクなんですよ。

まず、襦袢に半衿を1枚多く縫いつけておきます。下になるほうを淡い色にして、上に重ねるほうを濃い色にすると透けなくていいですよ。そう、次の日は1枚目をぺらりと外して、2枚目の半衿を使うのです。

そのためには、あまりていねいに縫わず、ざくざく縫いにしたほうがはずしやすくなります。安全ピンで要所要所を留めたり、手抜きして両面テープで押さえるだけでもいいですよ。

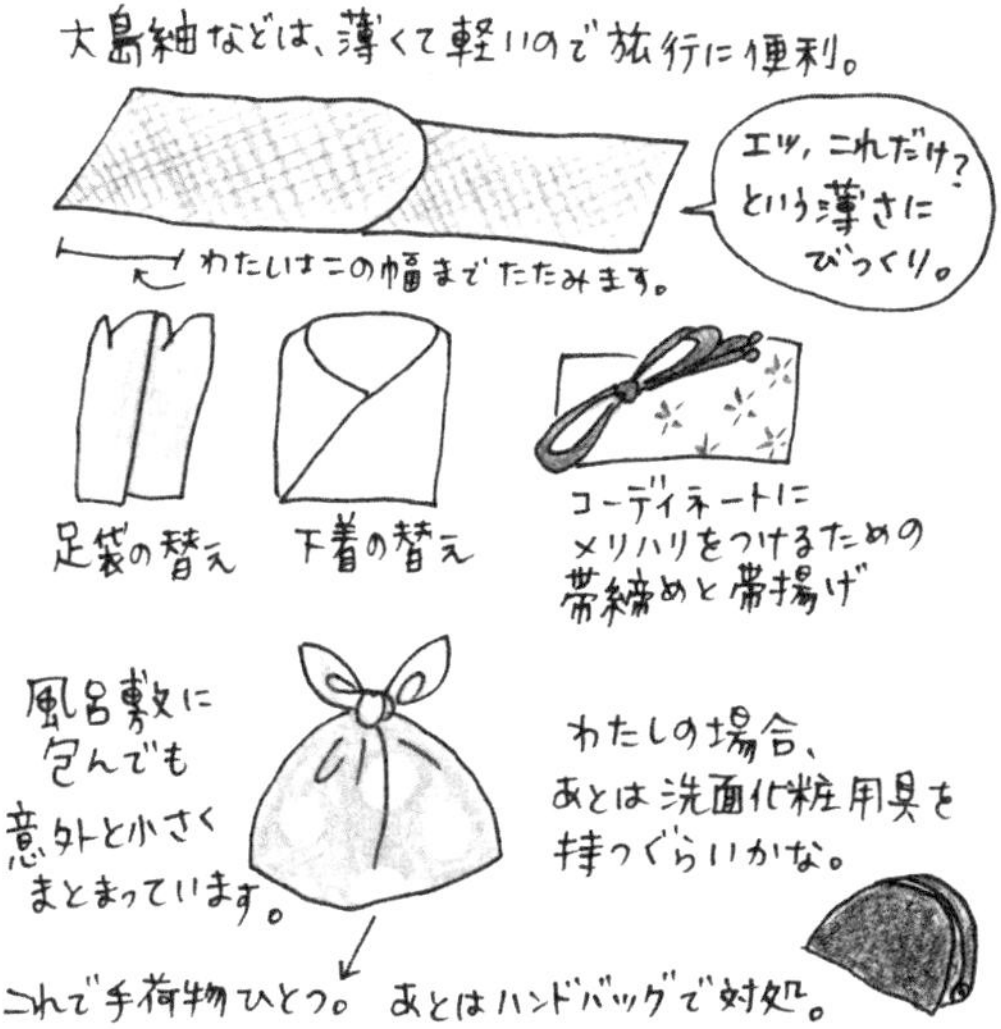

帯はリバーシブルの半幅帯を選びます。2日目はひっくり返して別の柄のほうを締めるというわけ。きものを替えなくても、まるっきりちがう雰囲気のコーディネートになるんです。名古屋帯がいいという方も、帯締めと帯揚げだけ替えれば十分です。

ですから、持って行く荷物が極端に少ない！　何泊かするときでも、きものは平らにたため、しかもたたむことがアイロンにもなるわけですから、持ち運びにも便利。わたしはいつも、きものを袖の半分のサイズまでたたんで風呂敷に包み、バッグの底に入れています。

もみじ狩り

もみじ柄の
手ぬぐい
いただきものの小紋。緑のもみじの中に
あちこちが赤く染まっている。
ふだん着の場合
季節はたいてい半衿で表現。
あとは色づかい、かな。

『時雨《しぐれ》の記』という映画の中で、主人公の多江（吉永小百合）が、見事なもみじの中で白っぽい紬を着ているシーンがあるのですが、それを見たときになるほどと思ったことがあります。

　たとえばビルばかりで季節が感じられないような場所に行くのでしたら、オレンジや赤でもいいのでしょうが、もみじに囲まれたような場所に行くときは、まわりの景色と同化しないような色を選ばなくてはいけないんですね。主人公の白っぽい紬はベストチョイスだったと思います。

　わたしなら、もみじ狩りには何を着るかしら。淡いベージュの格子柄

のきものに、もみじ柄の帯？　それとも、抜けるような青空ともみじの対比をイメージして鮮やかな空色のきものもいいな。

　ふだんのきもの姿なら、紺色や茶色の木綿のきものにもみじの柄の手ぬぐいを半衿にします。秋が深まってきたら、深緑のきものを着て美術館に行こうかな。

　もみじやイチョウのように、色づいて散る葉っぱとは対照的に、常緑の松や柏《かしわ》をイメージした深緑色のきものは、「本気のデート」に着たいですね。「心変わりしない」という気持ち、伝わらないのは承知の上で。

障子とたたみ

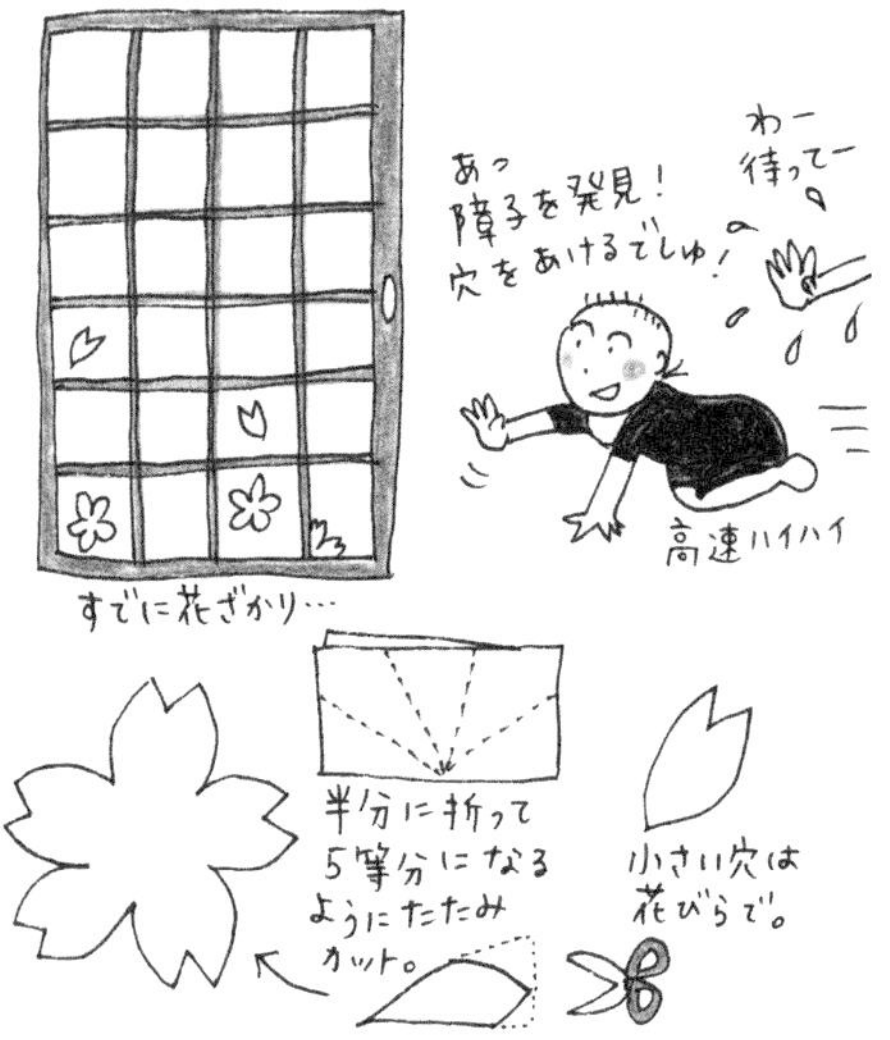

最近わたしが気に入っている障子紙は、竹の透かし模様が入ったもの。縦にすぅっと伸びる様子が清々しくて、まるで外に竹やぶがあって、その影が映っているような気にさせてくれるのです。

穴のあいた障子を、桜の花の形の切り抜きでふさぐのは母の得意技なのですが、あるとき伯父の家に遊びに行ったら、なんと魚の形になっていて、気がつくとヒトデや海草もあり、障子一面が水族館のようになっていたのです。これには驚きました。

知り合いの書道をする方の家では薄墨《うすずみ》の書き損じ（と言っていたけど、たぶん謙遜だと思う）を障子代わり

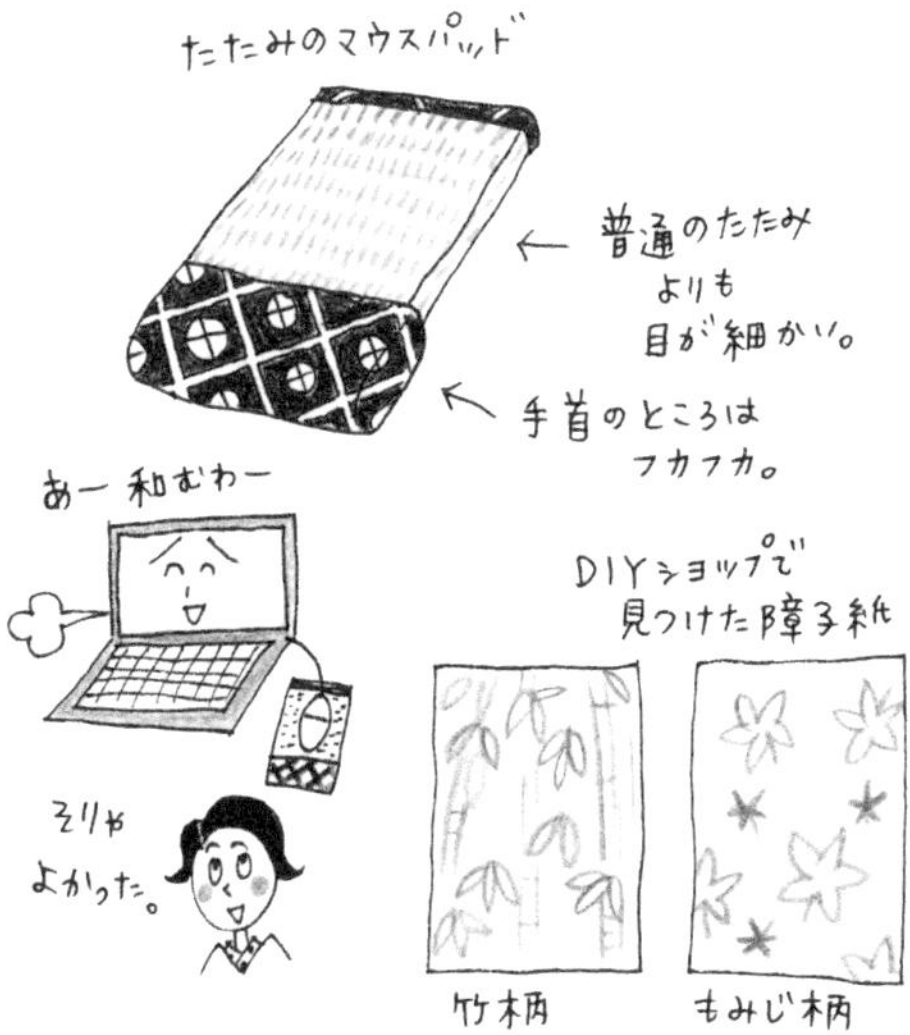
たたみのマウスパッド
普通のたたみ
よりも
目が細かい。
手首のところは
フカフカ。
あー 和むわー
DIYショップで
見つけた障子紙
そりゃ
よかった。
竹柄
もみじ柄

にしていたし、友人のお母さまは細かく切った和紙をすそ模様のように貼っていました。

きものを着てパソコンに向かっているとき、「なんだか和が足りない！」と突然思いついたことがありました。パソコンのまわりって無機質でどこか冷たく、しれーっとしてるように感じたのです。パソコンが「和むモノ」を与えてあげなければとあれこれ探していたら、ありました！「たたみのマウスパッド」！たたみにごろーんと寝転がるような気軽さをパソコンにも。それ以来、パソコンのまわりが、茶の間っぽい気ラクな雰囲気になりましたよ。

京都

法然院は
静かで
落ち着く空間。
しばらくたたずんで
から、街へと
向かいます。
散華の
様子が
ちらっと
のぞけます。
京都へ行く
ときは
淡い色の
半衿。
山門のところの
砂絵（?）が
大好き。
足袋も白を
はいてみたり
する。

京都には、ちょっとだけでも寄りたい場所があります。

まず、ひとりでぼんやり過ごすなら、「法然院《ほうねんいん》」。花の供養《くよう》「散華《さんげ》」をしているお寺です。苔《こけ》の生えた石に細く流れる水の音は涼やかで、石庭の模様も陰影が美しく、静かに呼吸しているだけで癒される大好きな空間です。女友だちとふたりなら、哲学の道にある「鹿ケ谷《ししがたに》さびえ」で一服一千。お抹茶とお菓子をいただきます。

お昼は「漬物の西利《にしり》」で「漬物寿司セット」を。ここの白味噌のおわんに魅せられて、家でも真似しようと、そのまま錦市場《にしきいちば》へ寄って、白

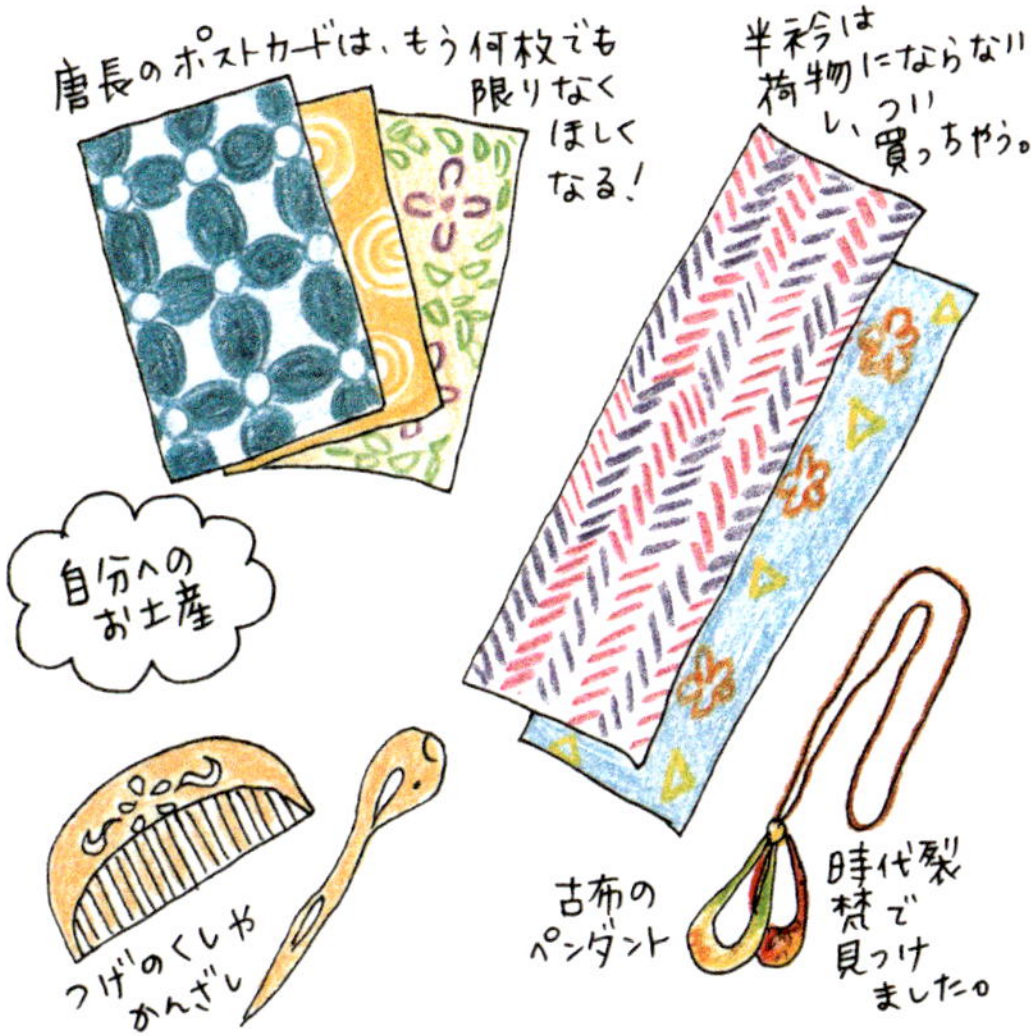

味噌と生麩《なまふ》を買って帰ったことがあります。夜はあらかじめ予約しておいた「祇園《ぎおん》たに本」へ。ここは京都に生まれ育った友人が教えてくれた穴場的なお店です。

買いものは、ご祝儀袋やポストカードをまとめ買いするためにまず「唐長」へ。ここのご祝儀袋は京唐紙で作られていて、抜群の存在感があり「さすがね」と言ってもらえる嬉しいアイテム。「嵐山よしむら」でおそばを食べてから、お気に入りの和小物を探すのも楽しいですよ。

ところで、京都に行くときは、淡い色の半衿と足袋にして、「はんなり京都気分」を満喫しています。

コラム

きものパーティー

【小さい秋見つけた会】

わたしの出身地・山形では秋、川原で作って食べる「芋煮会」というのがあります。地元出身の友人とアパートでやったことも。「小さい秋見つけた会」は、最近見つけた「秋」について話したり、持ち寄ったりする会。結局食べる会……。

【たけのこパーティー】

たけのこが出はじめると「1本食べ尽くしの会」をしています。たけのこご飯、お味噌汁、煮もの、春巻…とにかくたけのこ尽くし。料理をするところからはじまるのでホームパーティーです。こうやって、季節ならではの食材を楽しみます。

【鍋パーティー】

おでん、ちゃんこ、鶏の水炊き…冬はやっぱり鍋でしょう。ぐつぐつ煮えるつゆが飛んできものを汚さないようにと、お客さまにかっぽう着をお貸ししたら、とても喜ばれましたよ。

【手花火大会】

地元の花火大会や、花火師が集まる花火大会も心躍りますが、いちばん好きなのは手花火大会。最近はいろんな花火を売っています。うっかり忘れていた去年の花火が参加することも。ビアガーデンもかねて、縁台で焼き鳥、枝豆…これぞ夏！

12月

【12月の和月名】
＊師走（しわす）、極月（ごくげつ）、暮冬（ぼとう）、春待月（はるまちづき）＊お坊さんや先生が忙しく走りまわることから「師走り月」がつまって「しはす」になり、「しわす」に変化したといわれています。「極月」は1年の最後の月という意味。旧暦では1月からが春ですから「春待月」ともいわれていたようです。現在では「暮冬」のほうがしっくりきますね。

12月のきもの

ウールのきものに合わせたのは、雪だるまの半衿（手ぬぐい）。帯と足袋で温かさを表現しました。大判ショールをはおって繰り出す先は、買い出し？ 忘年会？

クリスマスにぴったり！ だけど雪の季節はまだまだ続きます。わたしの場合、雪の結晶柄や雪輪（ゆきわ）模様のものは2月までと決めています。3月からは春の柄で。

鮮やかな赤の半衿なので黒いきものに合わせて、その存在感をアピールしました。個性的な半衿は、無地に近いきものをチョイスすると半衿が喜びます。

木製のクリスマスツリーに下げるオーナメント。ひもをつけて根付けにしたり、帯留めや帯飾りにしたり、大活躍です。Uピンにくぐらせてかんざしにしても。

雪だるまと雪の結晶の柄の手ぬぐいは、縦に折って半衿にするときにどっちの柄も出せるように、こういう柄つけにしました。わたしデザインなんですよ。

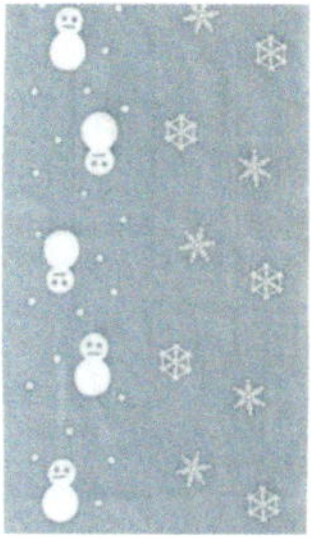

クリスマス

木でできた
クリスマス
ツリーの
オーナメントは、
アクセサリー
として
大活躍！
リピンに
通して
髪に
さすだけ。
帯揚げに
通して根付けに。
積もった
雪をイメージ。
つららのオーナメント。

クリスマスには、黒い無地の半衿に金や銀の布用ペンで星を描いて、オリジナル半衿にしたり、木でできているオーナメントを髪飾りや帯飾りにしたりしています。

ほかに、ビーズのついた白いスカーフを帯揚げにして、そこからつららのオーナメントをたらしたりすることも。屋根に積もった雪からつららが下がっているみたいでしょ。

赤と緑の布を重ねて半衿にしても。両面テープで軽く押さえておくと、着るときにくずれにくくなります。振袖用の赤い帯締めも、クリスマスパーティーで大活躍！　前で蝶々に結び、緑や金色の細いひもをからめ

てもいいですね。
　昨年わたしが友人のクリスマスプレゼントに選んだのは、雪の結晶の柄の半衿でした。クリスマス限定っぽいのですが、2月までは十分楽しめます。クリスマス限定の真っ赤なトナカイ柄の手ぬぐい、ちりめん細工のクリスマスリース……。和のクリスマスグッズって、けっこうかわいいものです。
　クリスマスが過ぎれば一気にお正月ムード到来ですから、クリスマスプレゼントにお正月グッズを選ぶのもいいと思います。ポチ袋セット、カルタ、お正月飾り、干支の小さなお飾りなどなど。

お歳暮

竹かごの中に入っている
おでん種セットは長崎清のもの。
賞味期限が
あるものは
くださった方に感謝しつつ
即いただきます。
おいしい〜
大根もびっくり！と
いうくらいおいしくなるの！
ケーニヒス・クローネの
「アルテナ」
竹の皮に包まれた
チョコレートケーキもいいな。
梅花はんぺん
その舌触りにうっとり。

鎌倉にある井上蒲鉾《かまぼこ》店の「梅花はんぺん」が大好きなわたしは、「おせちにもいいかも！」と思い、去年、両親に贈るお歳暮にこれを選びました。上品な味で、舌触りのなめらかさといったら、新鮮な貝柱のお刺身を食べているみたいなんです。自宅用に買うのはちょっとためらってしまう金額でも、お歳暮ならありです。

年末にテレビを見ていると、きものを着て風呂敷包みを持ったきれいな女の人が「暮れのごあいさつ」をしているコマーシャルに出合ったりします。このごろはネコやらペリカンやらが届けることが多いようですね。だけどやっぱり、特別にお世話

になった方には、直接ごあいさつに伺いたいものです。

訪問というくらいだから、お歳暮を持って行くのには訪問着がふさわしいのかとも思われがちですが、実際にお歳暮を持って行くとしたら、わたしは小紋か紬で行くだろうなあ。

親しいお友だちのところにきものを着ていく「お歳暮ごっこ」もいいですよ。ちょっとしたお土産を風呂敷に包んで。それがふたりで食べるケーキでも、なんでもいいんです。年末の大掃除やらお正月の準備やらで忙しくなるんですから、こんなひとときがあっても許されるはず。そう思いませんか。

最近買ったもの

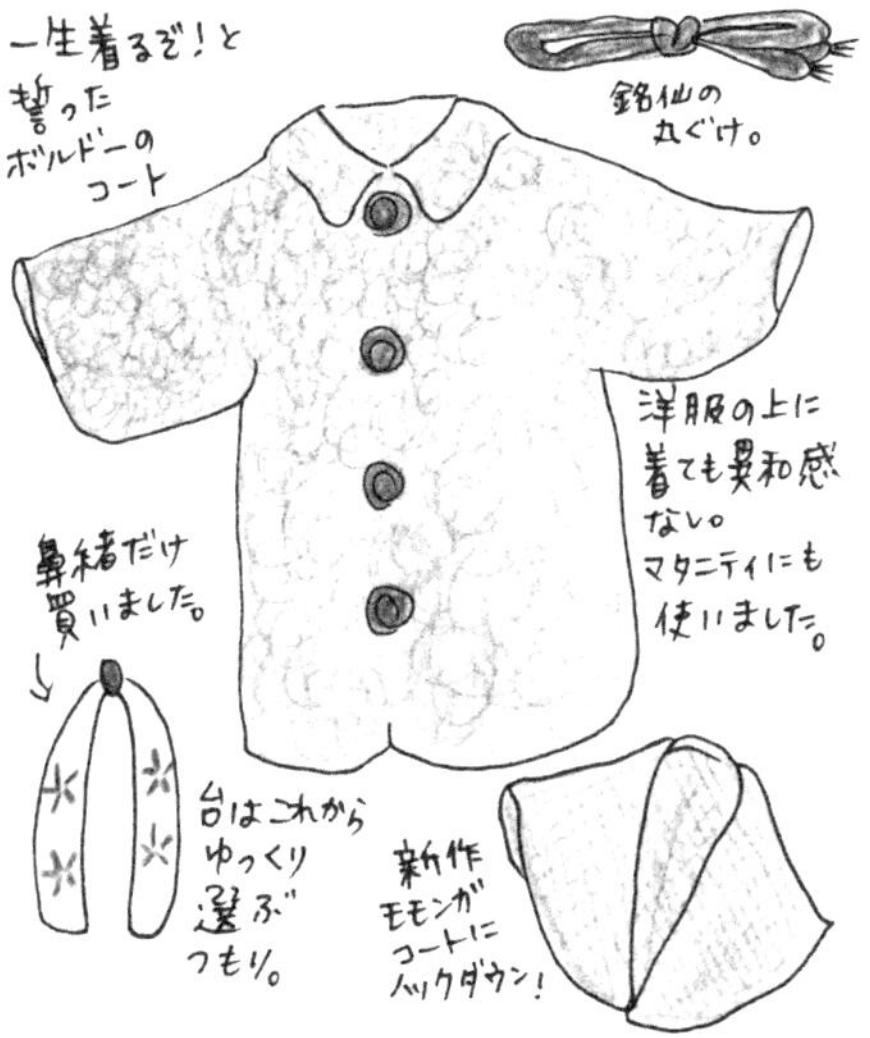
一生着るぞ！と
誓った
ボルドーの
コート
銘仙の
丸ぐけ。
洋服の上に
着ても異和感
ない。
マタニティにも
使いました。
鼻緒だけ
買いました。
台はこれから
ゆっくり
選ぶ
つもり。
新作
モモンガ
コートに
ノックダウン！

東京のあるデパートで、すてきなきもの用のコートを見つけました。一目惚れしてしまったそのコートは、わたしの大好きなボルドーで、洋服のコートとしても着られそうなデザイン。長く楽しめそうだし、何よりこんなすてきなコートには、そうそうお目にかかれないわ！　買わなくちゃ。

その日は夫と一緒で、彼は別の階にいましたから、早速携帯に電話して、「コートを買おうと思うんだけど、一応見てくれない？」と頼みました。

彼の意見には驚きました。「いいんじゃない？　似合うし。でも、わ

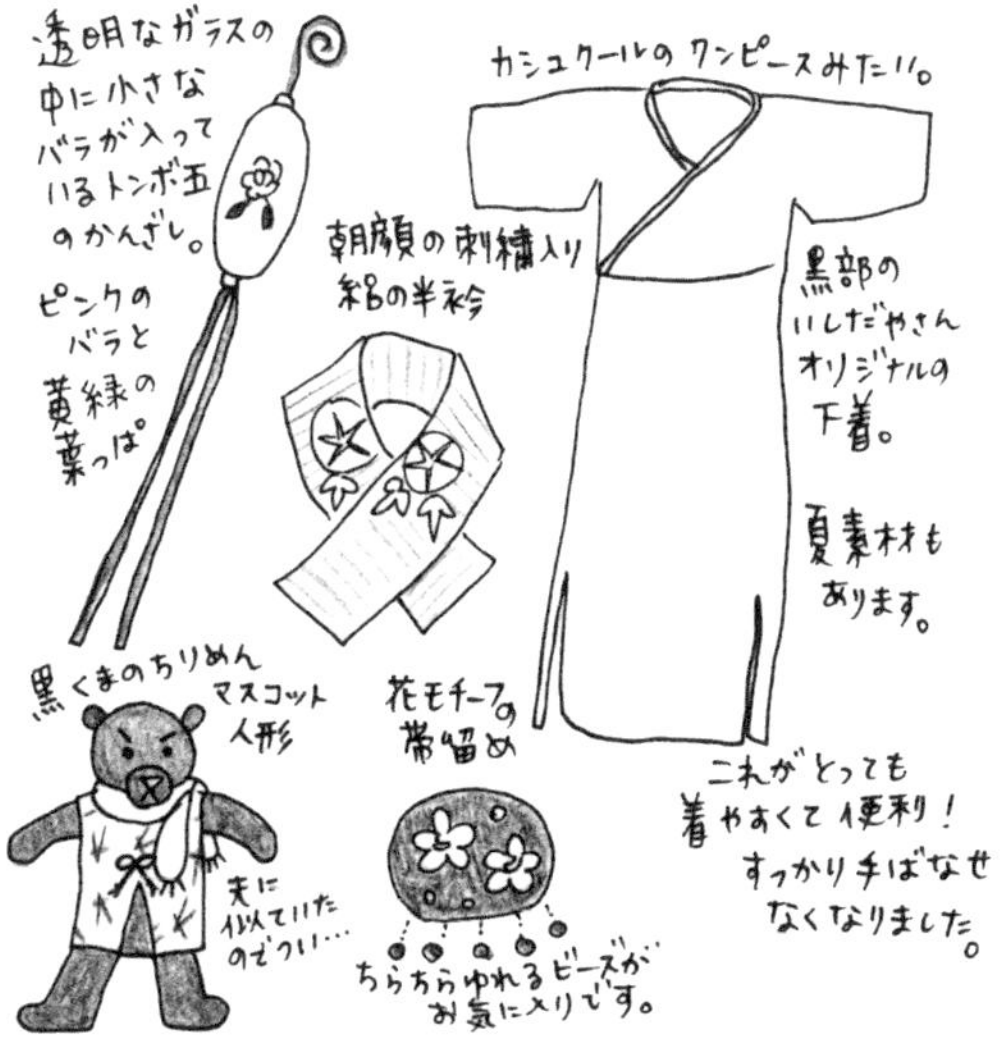

ざわざここで買わなくても、いつもお世話になってる、地元のあのお店で買ったら？　同じものがあるかもしれないし、とり寄せてもらえるかもしれないんだから」。目からウロコでした。そうだ、そうよね、そうしなきゃ。

お店にしてみたら、たった1着のコートかもしれないけれど、「あなたのお店で買いたいの」と言われたら、うれしいんじゃないかなあ。

結局ボルドーのコート、地元のお店にとり寄せてもらいました。コートと一緒に、お店との信頼関係も手に入れたような気がしています。

コラム

絵手紙

春

こんな家庭を築きたい！ そんな願いを込めて、あたたかな黄色とさわやかな黄緑で色づけをします。

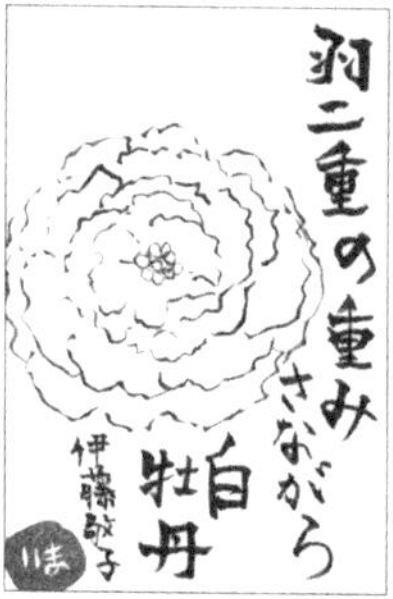

筆ペンの先を使い、中心から外側に向かって、ふるえるように花びらを描いて重ねていきます。

夏

百合のエレガントさを出すために紙レースを使用。黒い紙の上から白い修正ペンで文字を書きます。

色紙を切り抜いて、貼り絵にしました。ついでに文字も切り抜きに。面倒ですが、でき上がると楽しい！

秋

凹凸のある紙に筆ペンを使うと、ちょうどかすれたようになってススキらしくなります。うさぎと月は和紙の貼り絵です。

本としおりは和紙を貼り絵にしました。筆ペンで描いた金木犀の花びらはオレンジに塗ります。

冬

和紙をちぎると、ほつれた感じが雪のよう。小さい姉妹が作った「雪うさぎ」ということで、多少不格好でもいいことにしました。

かための和紙とやわらかめの和紙を組み合わせた貼り絵。年末の慌ただしさを出すため、むきかけのみかんにしました。

【きものを着る】

きものを羽織って、背中心が背中のまん中にくるようにします。腰ひもは足元に。

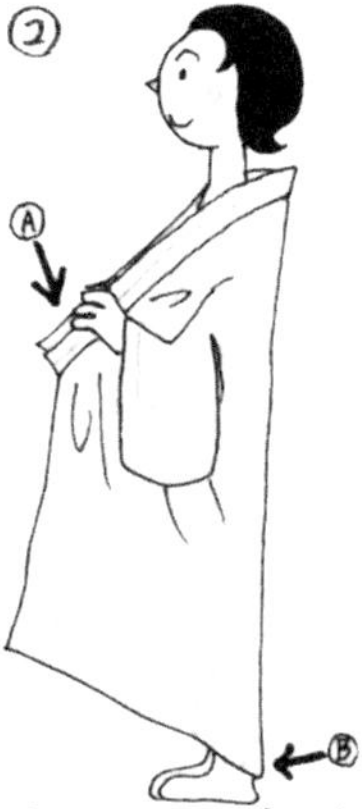

えり先から10cmくらいのところ(Ⓐ)を持ち、Ⓑを床ぎりぎりに合わせます。

きもののわき線と、体の真横を合わせます。

下前(右手側)を巻き込み、その上に上前(左手側)を合わせます。

⑤
10cm
くらい
腰骨のあたりできっちり締めます。
ここが一番きつく締めるところ。結び目が
横だと苦しくないですよ。
⑥
袖つけの下があいているのでそこから
手を入れておはしよりを整えます。
後ろ側も忘れずに。
⑦
半えりの出方をチェックしたら、胸の下をひもで
結びます。ひもはまん中を持って体の前に
あてて使うと ちょうどよい長さになります。
⑧
わきのところから中が見えると カッコ
悪いのでチェックして、完成です。

【帯を結ぶ・お太鼓】

お太鼓

①

帯の細くなっているほうを持ち、背にあてます。Aの長さは、体の幅よりも少しだけ長くとります。

②

Aを上に出すようにして帯を胴に巻きつけ、間に帯板を入れます。前に柄が出るようにして、キューッと締めます。

③

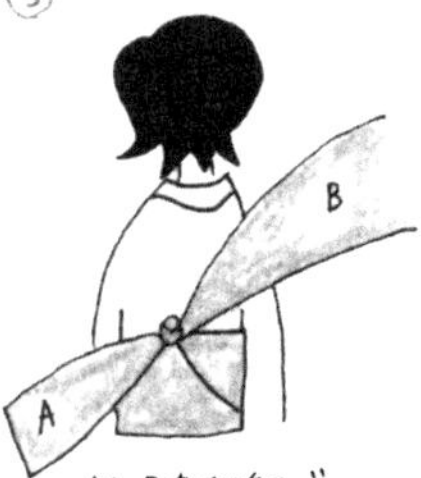

AとBをま後ろで結びます。このときBが上にくるようにします。

④

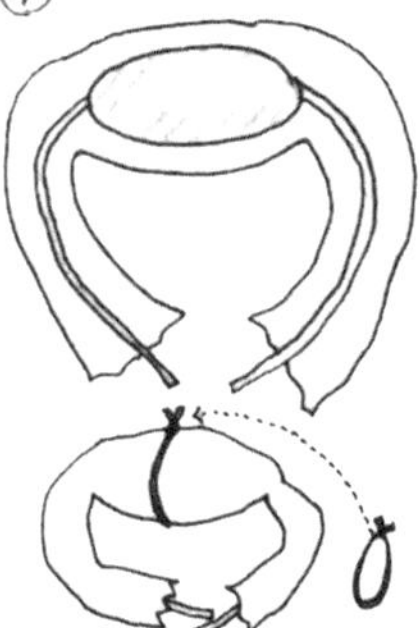

帯枕に帯揚げをかぶせます。輪ゴムなどで押さえておいてもGOOD!

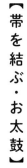

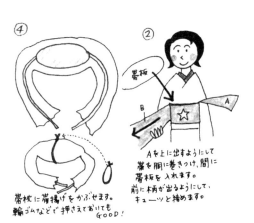

⑤

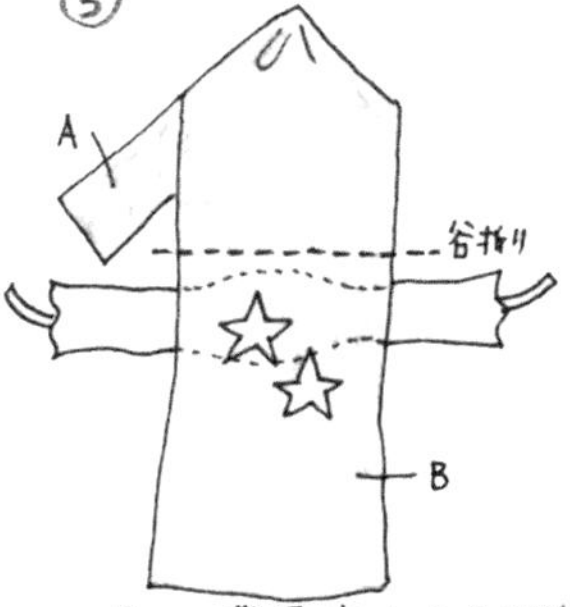

帯枕と帯揚げをセットしたものを図のように置いて、Bを折るようにして上げ、帯枕のひもをしっかり前で結びます。帯揚げは仮に軽く結んでおきます。

⑥

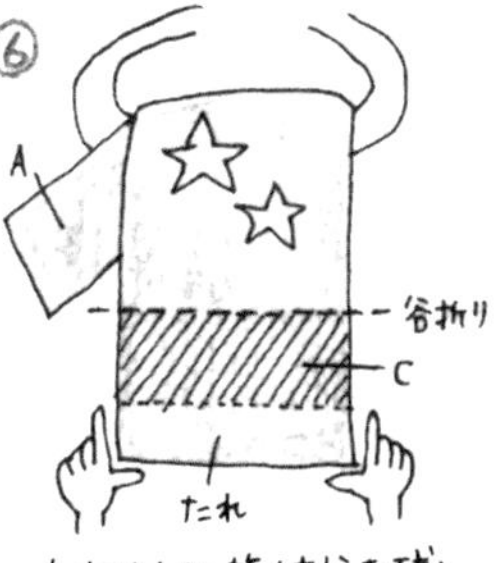

たれは人さし指1本分を残し、Cの部分を中に折り込みます。

⑦

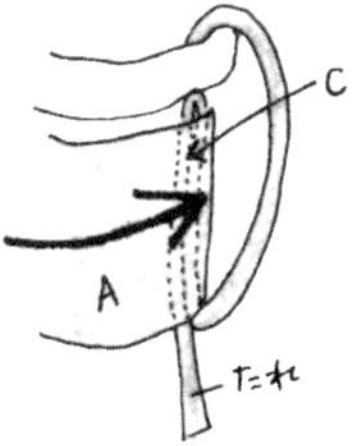

Cの上にAを重ねるように入れ込み、帯締めで押さえ、しっかりと結びます。

⑧

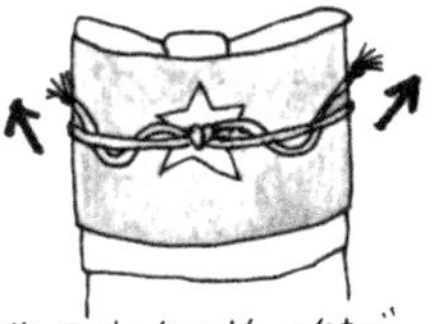

帯揚げは細く折って結び、余ったところは帯の中にきれいに入れ込みます。帯締めの端は上を向くようにはさみ込みます。

【帯を結ぶ・角出し】

角出し

①

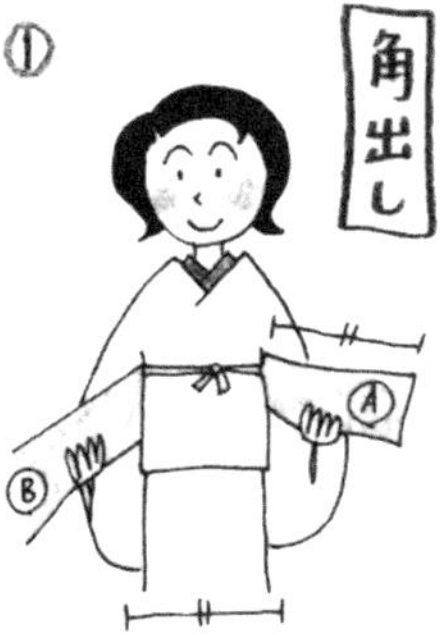

帯の細くなっているほうを
持ち、背にあてます。
Ⓐの長さは体の幅よりも
少しだけ長くとります。

②

Ⓐを上に出すようにして
帯を胴に巻きつけ、間に
帯板を入れます。前に柄が
出るようにして、キューッと締めます。

③

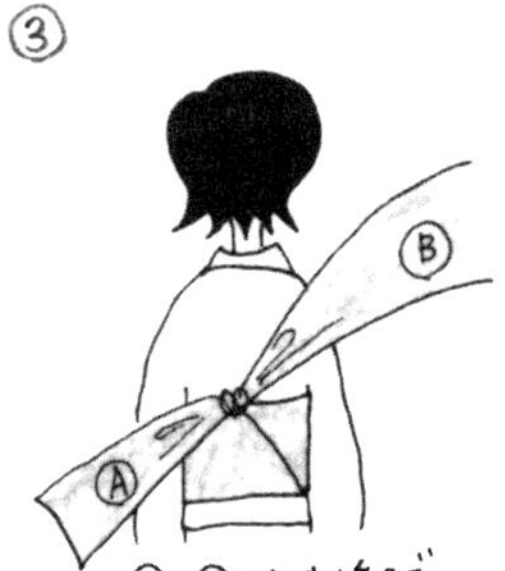

ⒶとⒷとをま後ろで
結びます。
このときⒷが上に
くるようにします。
Ⓑの根元をのばしたら
下におろします。

④

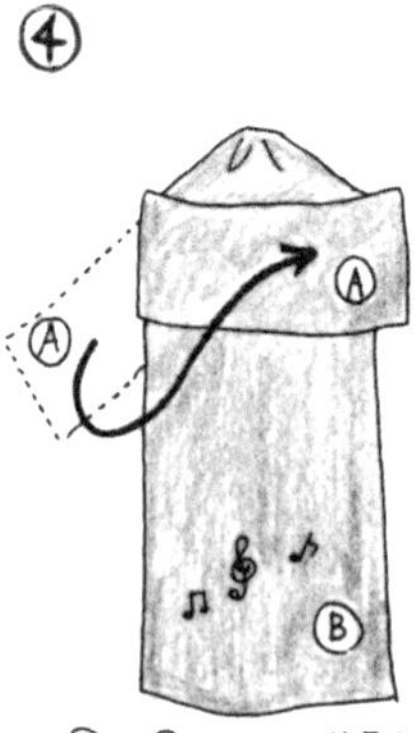

ⒶをⒷの上にのせます。
ここが角の部分になります。

⑤

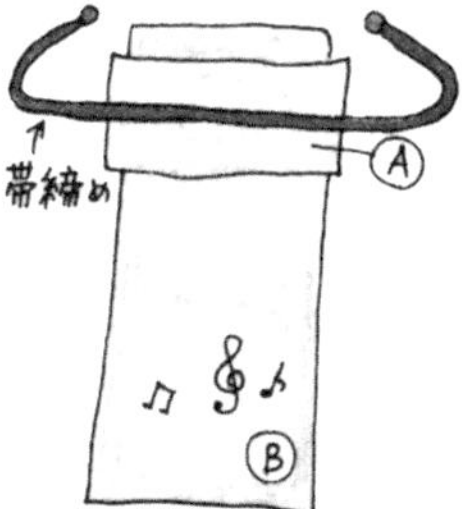

帯締めでⒶを押さえ、前で結びます。仮なので、しっかり結ばなくてもOKです。

⑥

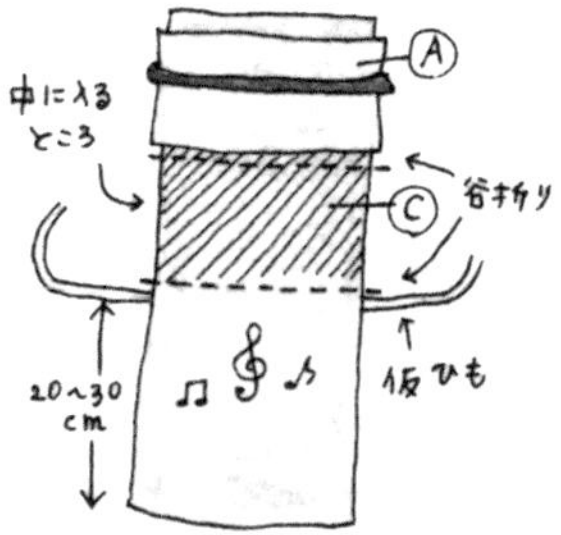

帯下から20〜30cmのところに仮ひもをあて、持ち上げます。仮ひもをしっかり結び、その上から細く折りたたんだ帯揚げを結びます。

⑦

帯締めをほどき、その帯締めを人さし指1本分上のところにあて、持ち上げるようにしてⒶの下にⒸの部分を入れ込みます。帯締めは、ヒップの一番高いところで結ぶときれいになります。

⑧

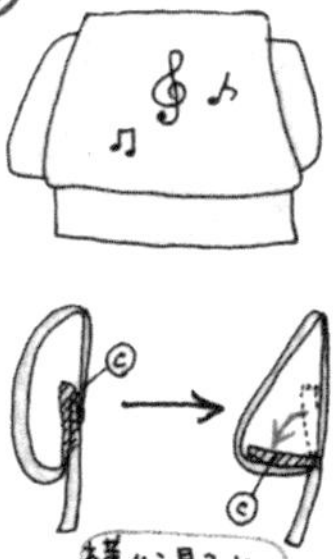

帯締めをしっかりと結んだら、Ⓒの部分を倒して形を整えます。帯揚げを整えたら完成です。

【半幅帯で帯を結ぶ】

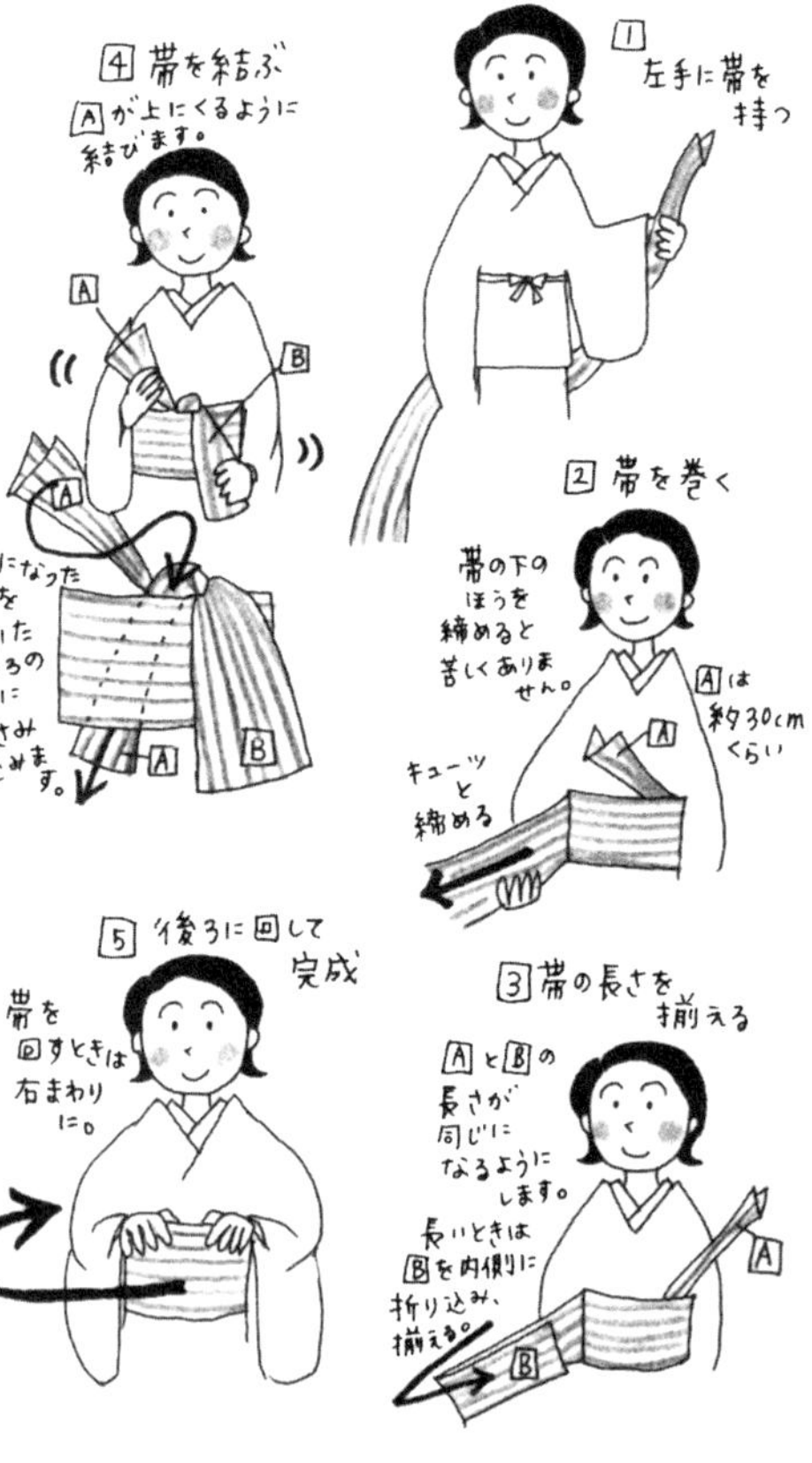

1 左手に帯を持つ
2 帯を巻く
帯の下のほうを締めると苦しくありません。
Aは約30cmくらい
A
キューッと締める
3 帯の長さを揃える
AとBの長さが同じになるようにします。
長いときはBを内側に折り込み、揃える。
A
B
4 帯を結ぶ
Aが上にくるように結びます。
A
B
A
上になったAを巻いたところの間にはさみ込みます。
A
B
5 後ろに回して完成
帯を回すときは右まわりに。

ギュ〜〜

きくちいま

1973年山形県生まれ。

エッセイスト兼イラストレーター。

都留文科大学を卒業後、きものの広告・出版会社にコピーライターとして入社。1999年、独立。イラストとエッセイを組み合わせた作風で、着物ライフや日々の暮らしなどを綴り、多くのファンを得る。書籍、新聞・雑誌連載などの執筆活動に加え、講演会、着物や帯、和風小物のデザインやプロデュースなど多方面で活躍中。2012年、結城紬大使を拝命。2013年、リサイクルきもののセレクトショップ「きくちいまのひきだし屋」をオープン。山形の自宅では3児の母。

著書に『きくちいまが伝えたい40代からの新・着物生活』(実業之日本社)『きくちいまの大人かわいい着物読本』(主婦と生活社)『ぬおお飯！』(セブン＆アイ出版) など多数。

http://www.imappage.net/

＊本書は、2004年12月にリヨン社より発刊された単行本の改装改訂新版です。出版に当たって情報はできるかぎり更新しましたが、お出かけやお買い求めの際にはお店にお問い合わせされることをおすすめします。

二見レインボー文庫

きくちいまの「着物《きもの》でわくわく12ヵ月《げつ》」

著者　きくちいま

発行所　株式会社 二見書房
東京都千代田区三崎町2-18-11
電話 03(3515)2311［営業］
03(3515)2313［編集］
振替 00170-4-2639

印刷　株式会社 堀内印刷所
製本　株式会社 関川製本所

ISBN978-4-576-16191-4
http://www.futami.co.jp/